AS CONSOLAÇÕES DA FILOSOFIA

Livros do autor na Coleção **L&PM** POCKET

As consolações da filosofia
Desejo de status
Ensaios de amor

ALAIN DE BOTTON

AS CONSOLAÇÕES DA FILOSOFIA

Tradução de Eneida Santos

www.lpm.com.br

L&PM POCKET

Coleção **L&PM** POCKET, vol. 1065

Texto de acordo com a nova ortografia.
Título original: *The Consolations of Philosophy*

Primeira edição na Coleção **L&PM** POCKET: setembro de 2012
Esta reimpressão: dezembro de 2025
Também disponível em formato 14x21cm

Tradução: Eneida Santos
Capa: Ivan Pinheiro Machado. *Ilustrações e fotos*: Arquivo L&PM Editores
Preparação: Patrícia Yurgel
Revisão: Lia Cremonese

CIP-Brasil. Catalogação na Fonte
Sindicato Nacional dos Editores de Livros, RJ

D339e

De Botton, Alain, 1969-
As consolações da filosofia / Alain de Botton; tradução de Eneida Santos. – Porto Alegre, RS: L&PM, 2025.
320 p. : il. ; 18 cm – (Coleção L&PM POCKET; v. 1065)

Tradução de: *The Consolations of Philosophy*
ISBN 978-85-254-2697-0

1. Aconselhamento filosófico. I. Título. II. Série.

12-4327. CDD: 848.9949403
CDU: 821.133.1(494)-3

L&PM Editores
Rua Comendador Coruja, 314, loja 9 – Floresta – 90220-180
Porto Alegre – RS – Brasil / Fone: 51.3225.5777

Pedidos & Depto. comercial: vendas@lpm.com.br
Fale conosco: info@lpm.com.br
www.lpm.com.br

Impresso no Brasil
Primavera de 2025

Sumário

I

Consolação para a impopularidade

1

Há alguns anos, durante um inverno rigoroso em Nova York, verifiquei que dispunha de uma tarde livre, antes de pegar um voo para Londres. Decidi, então, visitar o Metropolitan Museum of Art. Perambulei pelo local e vi-me em uma galeria deserta no segundo andar. Apenas o ruído suave e incessante do sistema de calefação instalado sob o assoalho quebrava o silêncio profundo que dominava o ambiente muito bem iluminado. Já havia percorrido as várias salas repletas de pintores impressionistas e procurava alguma placa que me indicasse a direção da lanchonete, onde esperava tomar um leite achocolatado pelo qual na época nutria especial predileção, quando meus olhos foram atraídos por um quadro. A legenda que o acompanhava informava que fora pintado em Paris, durante o outono de 1786, por Jacques-Louis David, na ocasião com 38 anos de idade.

Condenado à morte pelo povo de Atenas, Sócrates, rodeado por um grupo de amigos desolados, prepara-se para beber uma taça de cicuta. Na primavera de 399 a.C., três cidadãos atenienses instauraram um processo contra o filósofo. Acusavam-no de não venerar os deuses da cidade, de introduzir inovações religiosas e de corromper os jovens de Atenas. A gravidade das acusações era de tal ordem que exigia pena capital.

Sócrates reagiu com serenidade absoluta. Apesar de, durante o julgamento, lhe ser dada a oportunidade de renunciar às suas ideias, ele preferiu manter-se fiel à busca da verdade a assumir uma conduta capaz de o tornar benquisto entre seus inquisidores. Segundo o relato de Platão, ele desafiou o júri com as seguintes palavras:

> Enquanto eu puder respirar e exercer minhas faculdades físicas e mentais, jamais deixarei de praticar a filosofia, de elucidar a verdade e de exortar todos que cruzarem meu caminho a buscá-la [...] Portanto, senhores [...] seja eu absolvido ou não, saibam que não alterarei minha conduta, mesmo que tenha de morrer cem vezes.

E, então, ele foi levado a cumprir seu destino em uma prisão de Atenas. Sua morte assinala um momento definitivo na história da filosofia.

Uma indicação da importância desse episódio talvez repouse na frequência com que serviu de tema para outros artistas. Em 1650, o pintor francês Charles-Alphonse Dufresnoy concebeu um quadro intitulado *Morte de Sócrates*, atualmente exposto na Galleria Palatina, em Florença (onde não há lanchonetes).

O século XVIII testemunhou o apogeu do interesse pela morte de Sócrates, especialmente depois que Diderot ressaltou-lhe o potencial pictórico em seu *Tratado sobre a poesia dramática*. Jacques-Louis David recebeu a encomenda da obra na primavera de 1786, de Charles-Michel Trudaine de la Sablière, um rico membro do Parlamento e profundo conhecedor da cultura grega. As condições de pagamento foram excelentes: 6 mil libras pagas antecipadamente e um adicional de 3 mil libras, no ato da entrega (Luís XVI havia pago apenas 6 mil libras por *O juramento dos Horácios*, cujas dimensões eram bem maiores). Quando foi exibido no Salão de 1787, o quadro foi imediatamente considerado a obra que retratava a morte de Sócrates da maneira mais bela. Sir Joshua Reynolds o considerava "o mais refinado e admirável empreendimento artístico que surgiu, desde a Capela Sistina e os *Stanze* de Rafael. O quadro seria digno da Atenas de Péricles".

Comprei cinco postais com reproduções de David na loja de souvenirs do museu. Mais tarde, enquanto sobrevoava os campos gelados de Terra Nova (a lua cheia e o céu límpido haviam conferido à região uma luminosidade esverdeada), examinei um dos cartões, ao mesmo tempo em que beliscava um jantar insosso colocado sobre a bandeja à minha frente por uma comissária de bordo que me julgava adormecido.

Testemunha silenciosa da injustiça cometida, Platão está sentado ao pé da cama do mestre. A seu lado, uma pena e um rolo de pergaminho. Platão contava 29 anos quando Sócrates foi executado, mas David o retratou como um ancião circunspecto e grisalho. No corredor ao fundo, carcereiros conduzem Xantipa, a mulher de Sócrates, para fora da cela. Sete amigos apresentam graus variados de consternação. Críton, seu companheiro mais chegado, está sentado a seu lado e contempla o mestre com devoção e preocupação. Mas o filósofo, cujos torso e bíceps são de um atleta, mantém-se ereto e altivo, sem que se perceba qualquer sinal de apreensão ou arrependimento. O fato de ter sido acusado de loucura por um grande número de atenienses não abalou suas convicções. David havia planejado pintar Sócrates no ato de beber o veneno, mas o poeta André Chenier sugeriu que o efeito dramático seria bem maior se ele fosse retratado no momento em que terminava um argumento filosófico e, ao mesmo tempo, recebia com tranquilidade a taça de cicuta que daria fim à sua vida, simbolizando, dessa forma, tanto um ato de obediência às leis de Atenas como um compromisso de fidelidade à sua missão. Estamos testemunhando os últimos momentos edificantes de um ser extraordinário.

Se o cartão-postal me deixou tão vivamente impressionado, talvez seja porque ele retrata um comportamento diametralmente oposto ao meu. Nas conversas, minha prioridade era despertar simpatia, em detrimento da sinceridade. Um desejo de agradar me levava a rir de piadas insossas, como os pais costumam fazer na noite de estreia de uma peça teatral que os filhos representam na escola. Com estranhos, eu adotava as mesmas atitudes servis de um porteiro de hotel ao cumprimentar hóspedes abastados – um entusiasmo exagerado proveniente de um desejo mórbido e indiscriminado de afeição. Eu não questionava publicamente as ideias adotadas pela maioria. Buscava a aprovação de figuras de autoridade e, sempre que as defrontava, deixava-me consumir pela preocupação de ter – ou não – causado boa impressão. Ao passar pela alfândega ou emparelhar meu carro com uma viatura da polícia, alimentava um anseio confuso de receber algum sinal de aprovação daqueles homens uniformizados.

Mas o filósofo não havia se curvado perante a impopularidade e a condenação do Estado. Não se retratou ou abriu mão de suas ideias por ter sido alvo de reclamações. Além do mais, sua confiança havia se originado de uma fonte mais profunda do que a impetuosidade ou bravura leonina. Ela havia sido fundada na filosofia. A filosofia havia fornecido a Sócrates convicções que lhe possibilitaram demonstrar uma confiança racional, em contraposição à crença histérica, quando se defrontou com a desaprovação.

Naquela noite, enquanto sobrevoava uma paisagem glacial, tamanha independência de espírito tornou-se uma revelação e um estímulo. Ela me acenou com a possibilidade de utilizar um contrapeso para uma tendência apática de me adequar a práticas e ideias socialmente consagradas. Na vida e na morte de Sócrates havia um convite ao ceticismo inteligente.

E, de modo mais abrangente, a matéria da qual o filósofo grego era o símbolo supremo parecia ser um convite a adotar uma prática ao mesmo tempo profunda e risível: tornar-se sábio por intermédio da filosofia. Apesar das vastas diferenças entre os muitos pensadores descritos como filósofos através dos tempos (pessoas, na realidade, tão diferentes que, se comparecessem à mesma festa, não apenas não teriam nada a dizer umas às outras, como, muito provavelmente, chegariam às vias de fato depois de alguns drinques), parecia possível discernir um pequeno grupo de homens, separados por séculos, compartilhando uma fidelidade imprecisa a uma visão da filosofia sugerida pela etimologia grega da palavra – *philo*, amor; *sophia*, sabedoria –, um grupo unido por um interesse comum em dizer algumas coisas práticas e reconfortantes sobre as origens de nossas maiores aflições. Decidi voltar minha atenção para esses homens.

2

Em qualquer sociedade, todos os seus membros têm noções sobre em que devem acreditar e como devem se comportar a fim de evitar desconfiança e impopularidade. Algumas dessas convenções sociais estão formuladas de maneira explícita nas leis, outras estão inscritas de um modo mais intuitivo em um vasto conjunto de critérios éticos e práticos, descritos como "senso comum", que dita o que devemos vestir, que importância deve ser atribuída ao dinheiro, quem devemos estimar, que regras de etiqueta devemos seguir e como conduzir nossas vidas particulares. Começar a questionar essas convenções poderia parecer bizarro ou até mesmo ofensivo. Se o senso comum está a salvo de questionamentos, é porque seus critérios são considerados claramente sensatos para que sejam alvo de um exame mais minucioso.

Raramente seria aceitável, por exemplo, levantar dúvidas durante uma conversa sobre o que a sociedade considera ser o propósito do trabalho.

Ou pedir a recém-casados que expliquem em detalhes os motivos que os levaram a contrair matrimônio.

Ou interpelar veranistas sobre os pressupostos em que se baseou a escolha de seu roteiro de viagem.

Os gregos da Antiguidade tinham também muitas convenções e apegavam-se a elas com a mesma tenacidade. Certa vez, ao vasculhar as estantes de um sebo em Bloomsbury, deparei-me com uma coleção de livros de História originalmente dirigida ao público infantil contendo um grande número de fotografias e belas ilustrações. A coleção incluía títulos como *Conheça o interior de uma cidade egípcia*, *Conheça o interior de um castelo*, e o volume que adquiri, junto com uma enciclopédia de plantas venenosas, chamava-se *Conheça o interior de uma cidade grega da Antiguidade.*

Nele encontrei informações sobre a indumentária adotada nas principais cidades da Grécia no século V a.C.

O livro explicava que os gregos acreditavam em muitos deuses. Deuses do amor, da caça, da guerra, deuses com poderes sobre a colheita, o fogo e o mar. Expedições arriscadas eram precedidas por orações, realizadas em um templo ou diante de pequenos altares domésticos. Animais eram sacrificados em louvor aos deuses. Tratava-se de uma prática dispendiosa: Atena custava uma vaca; Ártemis e Afrodite, um bode; Asclépio, uma galinha ou um galo.

Os gregos eram adeptos entusiastas da escravidão. No século V a.C., somente em Atenas havia, em certa época, de 80 mil a 100 mil escravos. A proporção era de um escravo para cada três cidadãos livres.

Os gregos eram também altamente militaristas e veneravam a coragem no campo de batalha. Para ser considerado másculo era preciso saber decapitar seus adversários. O soldado ateniense encerrando a carreira de um persa (retratado em um prato da época da Segunda Guerra Persa) indicava o comportamento adequado.

As mulheres viviam sob o domínio do marido ou do pai. Não lhes era permitido tomar parte na política ou na vida pública, não podiam ter dinheiro e não herdavam nenhuma propriedade. Costumavam contrair núpcias aos treze anos de idade. A escolha do marido, feita pelo pai, não levava em consideração afinidades sentimentais.

Os contemporâneos de Sócrates nada viam de extraordinário em qualquer desses costumes. Se alguém lhes perguntasse por que sacrificavam galos a Asclépio ou lhes pedisse para explicar por que os homens precisavam matar para ser considerados virtuosos, ficariam perplexos e irritados. Questionamentos desse tipo eram considerados tão estúpidos quanto perguntar por que a primavera se seguia ao inverno ou por que o gelo é frio.

Mas não é apenas a hostilidade alheia que pode nos impedir de questionar o status quo. Nosso desejo de levantar dúvidas pode ser salpicado por uma sensação íntima de que as convenções sociais devem ter bases sólidas, mesmo se não sabemos discernir exatamente que bases seriam essas pelo fato de terem sido adotadas por tantas pessoas há tanto tempo. Parece implausível que a nossa sociedade estaria profundamente equivocada em suas crenças e, ao mesmo tempo, que seríamos os únicos a perceber esse fato. Reprimimos nossas dúvidas e nos incorporamos ao rebanho porque não conseguimos nos imaginar pioneiros na tarefa de desvendar as verdades até agora desconhecidas e dolorosas.

Recorremos, então, ao filósofo, na esperança de encontrar ajuda para superar nossa humildade.

3

1. A vida

Nascido em Atenas, em 469 a.C., Sócrates era filho de Sofrônico, a quem era atribuída a profissão de escultor. Sua mãe chamava-se Fenáreta e era parteira. Na juventude, Sócrates foi discípulo do filósofo Arquelau e, a partir daí, passou a praticar a filosofia sem jamais ter feito qualquer registro de suas ideias. Nada cobrava pelas aulas, e assim vivia na pobreza; não se importava com bens materiais. Usava a mesma túnica o ano inteiro e, na maioria das vezes, andava descalço (dizia-se que ele viera ao mundo para contrariar os sapateiros). Ao morrer, era casado e pai de três filhos. A esposa, Xantipa, era conhecida por seu temperamento rabugento (quando lhe perguntaram por que a havia desposado, ele respondeu que os domadores de cavalos precisavam praticar em animais intrépidos). Passava grande parte de seu tempo ao ar livre, conversando com amigos nos lugares públicos de Atenas. Apreciavam sua sabedoria e senso de humor. Poucos, no entanto, admiravam sua figura. Ele era baixo, barbudo e careca, seu andar era desengonçado e aqueles que o conheceram comparavam-lhe as feições às de um caranguejo, um sátiro ou um grotesco. Seu nariz era achatado, os lábios grossos e um par de sobrancelhas desgrenhadas encimava os olhos esbugalhados.

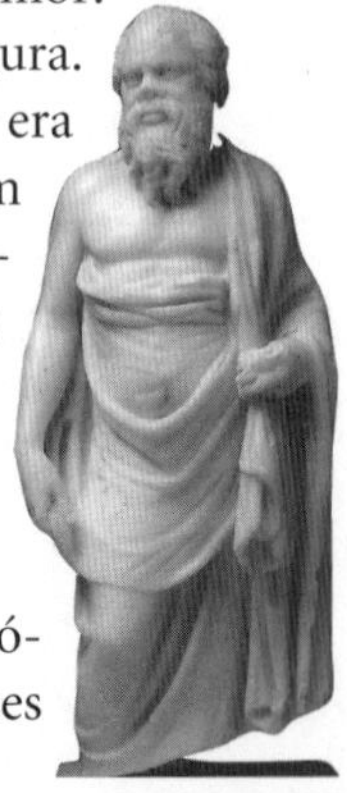

Mas a característica mais curiosa de Sócrates era seu hábito de abordar atenienses de todas as classes, idades e ocupações e pedir-lhes, sem qualquer rodeio ou sem se preocupar se o julgariam excêntrico ou impertinente, que explicassem em detalhes precisos o porquê de adotarem determinadas crenças do senso comum e indagar-lhes sobre o significado da existência – como relatou um certo general, surpreso:

> Sempre que alguém se vê face a face com Sócrates e trava com ele uma conversa, o que acontece invariavelmente, apesar de o interlocutor ter começado a falar de um assunto completamente diferente, é que Sócrates insiste em obrigá-lo a desviar-se do tema até conseguir deixá-lo sem qualquer alternativa e acaba por induzi-lo a fazer um relato de seu estilo de vida atual e de seu passado. Uma vez tendo alcançado seu objetivo, Sócrates só permite que a pessoa se afaste depois de tê-la interrogado de todas as maneiras e sob todos os ângulos.

O clima e o planejamento urbanístico de Atenas favoreciam a adoção de tal hábito. A cidade apresentava uma temperatura amena durante metade do ano, o que proporcionava maiores oportunidades de se travarem conversas sem a necessidade de apresentações formais ao ar livre. As atividades que, nas regiões setentrionais, se desenvolviam cercadas por muros lúgubres e cobertos de limo ou em habitações enfumaçadas não precisavam de abrigo ao céu benevolente da Ática. Constituía-se um

passatempo corriqueiro perambular pela Ágora, sob as colunatas do Pórtico de Poikilé ou do Pórtico de Zeus Eleutérios, e conversar com estranhos ao cair da tarde, o horário privilegiado entre as tarefas rotineiras da tarde e os anseios da noite.

As dimensões da cidade ensejavam o convívio social. Cerca de 240 mil pessoas habitavam nos limites de Atenas e seu porto. Em apenas uma hora era possível percorrer o trajeto que ligava um extremo da cidade ao outro, do Pireu à entrada do mar Egeu. Os habitantes se sentiam ligados como colegas de escola ou convidados de uma festa de casamento. Não eram apenas os fanáticos e os bêbados que travavam conversa com estranhos em público.

Se evitamos questionar o status quo, é principalmente porque – à parte o clima e o tamanho das nossas cidades – associamos o que é popular ao que é certo. O filósofo descalço levantava um número incontável de questões para determinar se o que era popular fazia ou não sentido.

2. O princípio do senso comum

Muitos achavam que as indagações de Sócrates eram exasperantes. Alguns o ridicularizaram. Alguns nutriam por ele um ódio mortal. Em *As nuvens*, encenada pela primeira vez no Teatro de Dioniso, na primavera de 423 a.C., Aristófanes apresenta aos atenienses uma caricatura do filósofo que se recusa a aceitar o senso comum sem antes investigar sua lógica a um grau insolente. O ator que interpretava Sócrates surgia no palco em um cesto suspenso por um guindaste para indicar aos espectadores que sua mente funcionava melhor nas alturas. Estava mergulhado em pensamentos tão importantes que não tinha tempo de se preocupar com o asseio corporal ou executar qualquer tarefa doméstica. Sua túnica, portanto, cheirava mal, e sua casa estava infestada de pragas. Mas, ao menos, podia refletir sobre as questões existenciais de maior importância. Elas incluíam: quantas vezes seu próprio tamanho uma pulga é capaz de saltar? O zumbido dos mosquitos é emitido pela boca ou pelo ânus? Embora Aristófanes se abstivesse de fornecer respostas para as perguntas de Sócrates, a plateia podia apreender até que ponto eram relevantes.

Aristófanes nada mais fez do que dar voz a uma crítica da qual os intelectuais costumavam ser vítimas: seus questionamentos os levam a um afastamento maior da realidade, ao contrário daqueles que nunca se aventuraram a analisar os fatos de uma maneira sistemática. Separar o dramaturgo e o filósofo era declarar de maneira contrastante a adequação de explicações comuns. Enquanto as pessoas equilibradas conseguiam, na opinião de Aristófanes, se contentar em saber que as pulgas são capazes de saltar muito além de seu tamanho e que o som emitido pelos mosquitos provém de algum lugar, Sócrates era acusado de levantar suspeitas paranoicas a respeito do senso comum e de alimentar um desejo perverso de encontrar alternativas vãs e complicadas.

Diante de tais acusações, Sócrates teria argumentado que, em determinados casos – embora entre eles talvez não constasse o das pulgas –, o senso comum poderia dar margem a uma investigação mais profunda. Nos breves diálogos que travava com vários atenienses, opiniões populares sobre como viver bem – opiniões descritas como normais e, portanto, inquestionáveis pela maioria – revelavam inadequações surpreendentes das quais a atitude confiante de seus proponentes não dava qualquer indicação. Con-

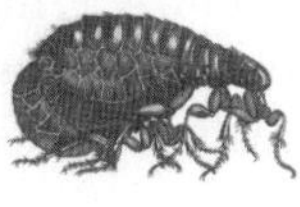

trariamente ao que Aristófanes esperava, aqueles com quem Sócrates conversava acabavam por deixar transparecer que mal sabiam do que estavam falando.

3. Dois diálogos

Certa tarde, em Atenas, segundo o *Laques*, de Platão, o filósofo encontrou-se com dois generais de grande reputação, Nícias e Laques. Ambos haviam se distinguido durante a Guerra do Peloponeso e combatido as forças espartanas, atuação que lhes garantiu o apreço dos anciãos e a admiração dos jovens. Ambos vieram a morrer em combate. Laques foi abatido durante a Batalha de Mantineia, em 418 a.C. Nícias perdeu a vida durante uma fracassada expedição à Sicília, em 413 a.C. Não existe registro da imagem desses dois homens, mas suspeita-se de que, em combate, os dois se assemelhassem aos cavaleiros esculpidos em um fragmento do friso do Partenon.

Os generais comungavam da mesma opinião provinda do senso comum. Acreditavam que, para ser corajosa, uma pessoa precisava pertencer ao exército, participar de batalhas e matar adversários. Mas, ao encontrá-los em plena rua, Sócrates foi tomado pelo desejo de fazer-lhes mais algumas perguntas:

> SÓCRATES: Vamos tentar definir a coragem, Laques.
> LAQUES: Posso lhe garantir, Sócrates, que não é difícil! Se um homem está preparado para assumir seu lugar nas linhas, enfrentar o inimigo e não fugir, pode ter certeza de que ele é corajoso.

Mas Sócrates lembrou-se de que, durante a Batalha de Plateias, em 479 a.C., uma tropa grega, sob o comando do espartano Pausânias, havia inicialmente batido em retirada para, logo em seguida, derrotar o exército persa, sob o comando do general Mardônio.

> SÓCRATES: Segundo consta, durante a Batalha de Plateias, os espartanos contra-atacaram [os persas] sem muita convicção e acabaram por recuar. Os persas perseguiram-nos e investiram contra eles, que, instigados, deram meia-volta e combateram com todas as forças, ganhando, assim, aquela parte da batalha.

Forçado a reconsiderar o assunto, Laques saiu-se com uma segunda opinião também preconcebida: a coragem era uma espécie de temperança. Mas a temperança, Sócrates ressaltou, poderia ser dirigida para objetivos temerários. Para se distinguir a verdadeira coragem do delírio, outro elemento seria necessário. Nícias, companheiro de Laques, guiado por Sócrates, propôs que a coragem teria de envolver conhecimento, uma percepção do bem e do mal e nem sempre podia limitar-se a operações militares.

Em apenas um curto diálogo travado ao ar livre, grandes inadequações haviam sido descobertas na definição-padrão de uma virtude ateniense tão admirada. Veio à tona o fato de que a possibilidade de existirem atos de bravura fora do campo de batalha não era levada em consideração, ou a importância do conhecimento aliado à capacidade de resistência e temperança. Tais questões poderiam parecer irrelevantes, mas suas implicações eram imensas. Se um general fosse previamente ensinado que dar ordens a seu exército para recuar era uma atitude covarde, mesmo que essa fosse a única manobra sensata, então uma nova definição de tal conceito ampliaria seu leque de opções e o estimularia a desenvolver o senso crítico.

No *Ménon*, de Platão, Sócrates trava mais um diálogo com outro indivíduo que demonstra confiança absoluta na veracidade de um conceito preconcebido. Ménon era um aristocrata arrogante, natural da Tessália, em visita à Ática, e associava o dinheiro à virtude. Para ser virtuoso, explicou ele a Sócrates, era necessário ser muito rico. A pobreza significava invariavelmente mais um fracasso pessoal do que um acidente.

Também não temos um retrato de Ménon. Mas, ao folhear uma revista grega dirigida ao público masculino no saguão de um hotel ateniense, imaginei que ele pudesse guardar alguma semelhança com a imagem de um homem bebendo champanhe em uma piscina iluminada.

O homem virtuoso, assegurou Ménon a Sócrates, seria alguém cujo alto poder aquisitivo lhe garantisse o acesso às boas coisas da vida. Sócrates lhe fez algumas outras perguntas:

> SÓCRATES: Quando menciona boas coisas, você está se referindo à saúde e à riqueza?
> MÉNON: Incluo a aquisição de ouro e prata e o acesso a um cargo respeitável nos altos escalões do Estado.
> SÓCRATES: Essas são as únicas coisas que você considera as boas coisas da vida?
> MÉNON: Sim... Refiro-me a qualquer outra coisa no gênero.
> SÓCRATES: [...] Acrescentaria os adjetivos "justo" e "honesto" à palavra "aquisição", ou isso não faz a menor diferença para você? Continuaria a associar riqueza à virtude, mesmo quando são adquiridas ilegalmente?
> MÉNON: Certamente não.
> SÓCRATES: Então, parece que a justiça ou a moderação, a piedade ou qualquer outra virtude devem estar associadas à aquisição [de ouro e prata] [...] Na realidade, a falta de ouro e prata, se resulta de um fracasso em adquiri-los [...] em circunstâncias que teriam tornado sua aquisição injusta, é em si mesmo virtude.
> MÉNON: Parece que sim.
> SÓCRATES: Nesse caso, ter esses bens não encerra nenhuma virtude, assim como não tê-los [...]
> MÉNON: Sua conclusão parece inevitável.

Em poucos momentos, foi mostrado a Ménon que o dinheiro e a influência não eram em si próprios aspectos necessários e suficientes da virtude. Os ricos podiam ser admiráveis, mas isso dependia da maneira pela qual sua riqueza foi adquirida, da mesma forma que a pobreza não podia em si mesma revelar nada sobre o valor moral de um indivíduo. Não havia qualquer razão plausível para um homem rico supor que seus bens garantiam sua virtude, e nenhuma razão plausível para o pobre imaginar que sua indigência era um sinal de depravação.

4. Por que outros podem não saber

Os temas podem ser obsoletos, mas o preceito moral subjacente não é: outras pessoas podem estar erradas, mesmo quando ocupam posições importantes, mesmo quando estão advogando crenças adquiridas durante séculos por uma vasta maioria. E a razão é simples: essas pessoas não submeteram suas crenças ao crivo da lógica.

Ménon e os generais tinham ideias equivocadas porque haviam incorporado as normas reinantes sem testar-lhes a lógica. Para ressaltar a peculiaridade de sua passividade, Sócrates comparou o ato de viver sem raciocinar de maneira sistemática à prática de uma atividade como a olaria ou a confecção de sapatos sem que se adotem ou mesmo se conheçam as técnicas necessárias para tal. Ninguém jamais imaginaria que um vaso ou um sapato bem-feitos poderiam resultar apenas da intuição; por que, então, supor que a tarefa mais complexa de gerir a própria vida poderia ser executada sem qualquer reflexão contínua e sistemática sobre suas premissas e objetivos?

Talvez porque não acreditemos que o ato de gerir nossas vidas seja na realidade complicado. Determinadas atividades difíceis parecem muito difíceis à distância, enquanto outras igualmente difíceis parecem muito fáceis. Ter concepções corretas sobre como viver recai na segunda categoria; fazer um vaso ou um sapato, na primeira.

Produzir um vaso era uma tarefa formidável. Em primeiro lugar, a argila tinha de ser levada para Atenas. Geralmente era retirada de uma mina enorme, situada no cabo Kolias, cerca de onze quilômetros ao sul da cidade,

e colocada em um torno que executava de cinquenta a 150 rotações por minuto. A velocidade era inversamente proporcional ao diâmetro da parte a ser moldada (quanto mais estreito era o vaso, mais rápido girava o torno). Em seguida, a peça era umedecida e esfregada com uma esponja, desbastada, escovada e modelada à mão.

O passo seguinte era revestir o vaso com uma camada de verniz preto, obtido por intermédio da mistura de barro bem comprimido e potassa. Depois de seco o verniz, a peça era colocada em um forno aquecido a uma temperatura de oitocentos graus centígrados, mantendo-se a chaminé aberta. O vaso adquiria, então, um tom intenso de vermelho, resultado de o barro ser temperado e transformado em óxido férrico (Fe_2O_3). Depois, a uma temperatura de 950 graus centígrados e com a passagem de ar fechada, o vaso era cozido no forno, onde acrescentavam-se folhas molhadas para que se obtivesse a umidade necessária. O vaso adquiria, então, uma coloração acinzentada, e o verniz, submetido ao processo de concreção, tornava-se negro (magnetita Fe_3O_4). Algumas horas depois, a passagem de ar era reaberta, as folhas eram retiradas com um ancinho e a temperatura baixava para novecentos graus. Enquanto o verniz conservava a cor preta do segundo cozimento, o corpo do vaso readquiria o vermelho vívido do primeiro.

Não é de surpreender que poucos atenienses fossem levados a tornear seus próprios vasos sem dedicar à tarefa qualquer reflexão. A arte da cerâmica parece tão difícil quanto verdadeiramente é. No entanto, infelizmente, embora pareça fácil, o ato de formar um juízo ético e apropriado a respeito dos fatos pertence a uma categoria espinhosa de atividades superficialmente simples mas que têm uma complexidade inerente.

Sócrates nos encoraja a não nos deixarmos abater pelo ar confiante das pessoas que não respeitam tal complexidade e formulam seus pontos de vista sem dedicar-lhes, ao menos, o mesmo rigor que um oleiro dedica à sua arte. Aquilo que é rotulado de óbvio e "natural" raramente o é. O reconhecimento desse fato deveria nos ensinar a achar que o mundo é mais flexível do que parece, pois as opiniões consagradas frequentemente não surgem de um processo de raciocínio irrepreensível e sim de séculos de desordem intelectual. Talvez não existam bons motivos para que as coisas permaneçam como estão.

5. Como adquirir autonomia de raciocínio

O filósofo não apenas nos ajuda a compreender que os outros podem estar errados como também nos oferece um método simples através do qual podemos, por nós mesmos, determinar o que é certo. Poucos filósofos atingiram um entendimento mínimo do que é necessário para se dar início a uma vida pensante. Não precisamos de anos de educação formal e uma existência de ócio. Qualquer um que tenha uma mente bem-ordenada e dotada de curiosidade, que procure analisar uma crença consagrada pelo senso comum pode travar um diálogo com um amigo que acabou de encontrar nas ruas da cidade e, ao aplicar um método socrático, conseguir formar uma ou duas opiniões bem-fundamentadas em menos de meia hora.

O método de Sócrates de examinar o senso comum pode ser visto tanto nos primeiros diálogos de Platão quanto nos chamados diálogos da maturidade e, por seguir passos coerentes, pode sem injustiça ser apresentado na linguagem de um livro de receitas ou de um manual e aplicado a qualquer conceito que alguém foi solicitado a aceitar ou se sente inclinado a contestar. A correção de uma afirmativa não pode, segundo sugere o método, ser determinada pelo fato de ser ou não aceita por uma maioria ou pelo fato de ser seguida há muito tempo por pessoas importantes. Uma afirmativa correta é aquela que não dá margem a ser racionalmente contestada. Uma afirmativa é verdadeira se não pode ser invalidada. Se puder, não importa o número ou a posição social das pessoas que nela acreditam, ela deve ser falsa e nós estamos certos em duvidar dela.

O método socrático de raciocínio

a. Selecione uma afirmativa que todos, sem pestanejar, consideram incontestável.

   Agir com bravura pressupõe não recuar durante uma batalha.
   Ser virtuoso requer dinheiro.

b. Imagine por alguns instantes que, apesar da confiança demonstrada pela pessoa que a propôs, a afirmativa seja falsa. Saia em busca de situações ou contextos em que a afirmativa não seria verdadeira.

   Seria possível ser corajoso e, ainda sim, bater em retirada?
   Seria possível não abandonar o campo de batalha e, ainda assim, não ser corajoso?

   Seria possível ter dinheiro e não ser virtuoso?
   Seria possível não ter dinheiro e ser virtuoso?

c. Se uma exceção for encontrada, a definição deve ser falsa ou, pelo menos, imprecisa.

   É possível ser corajoso e bater em retirada.
   É possível permanecer na batalha e, ainda assim, não ser corajoso.

   É possível ter dinheiro e ser um vigarista.
   É possível ser pobre e virtuoso.

d. A afirmativa inicial deve ser submetida a nuanças para que a exceção seja levada em conta.

Agir corajosamente pode envolver tanto o ato de recuar como o de avançar no campo de batalha.

As pessoas que têm dinheiro podem ser descritas como virtuosas somente se o tiverem adquirido de uma maneira virtuosa, e algumas pessoas sem dinheiro podem ser virtuosas quando tiverem atravessado situações em que era impossível ser virtuoso e ganhar dinheiro.

e. Se, em análises subsequentes, encontrarem-se exceções para as afirmativas que foram aperfeiçoadas, o processo deve ser repetido. A verdade, seja ela ou não acessível ao ser humano, está em uma afirmativa que parece impossível de ser refutada. É por intermédio do ato de se descobrir o que alguma coisa não é que se chega mais perto do entendimento do que essa coisa é.

f. O produto do pensamento é, não importa o que Aristófanes tenha insinuado, superior ao produto da intuição.

Naturalmente, é possível atingirem-se verdades sem que seja necessário filosofar. Mesmo sem recorrer ao método socrático, podemos perceber que as pessoas que não têm dinheiro podem ser chamadas de virtuosas se tiverem sobrevivido a situações em que era impossível ser virtuoso e ganhar dinheiro, ou que agir corajosamente pode envolver uma retirada em batalhas. Mas corremos o risco de não saber como responder às pessoas que não concordam conosco, a menos que tenhamos primeiro examinado as objeções ao nosso ponto de vista de uma maneira lógica. Podemos ser silenciados por indivíduos de personalidade marcante que insistam em afirmar que o dinheiro é essencial à virtude ou que apenas os efeminados recuam durante uma batalha. Se nos faltarem contra-argumentos para nos dar força (a Batalha de Plateia e o enriquecimento em uma sociedade corrupta), teremos de propor débil e impertinentemente que julgamos estar com a razão, sem, no entanto, sermos capazes de explicar os motivos.

Sócrates descreveu o ato de se ater a uma crença correta sem que se tenha consciência de como reagir racionalmente a objeções como *opinião verdadeira*, e a comparou de maneira desfavorável a *conhecimento*, que envolvia a compreensão não apenas dos motivos pelos quais algo era verdadeiro, mas também por que suas opções eram falsas. Ele comparou as duas versões da verdade a belas obras do grande escultor Dédalo. Uma verdade produzida pela intuição era como uma estátua assentada, sem qualquer sustentação, sobre um pedestal colocado ao ar livre.

Um vento forte poderia, a qualquer instante, derrubá-la. Mas uma verdade sustentada por premissas e por uma consciência de contra-argumentos era como uma estátua fixada ao solo por cabos.

O método socrático de raciocínio nos prometia uma maneira de desenvolver opiniões nas quais poderíamos, mesmo diante de uma tempestade, sentir uma confiança legítima.

4

Aos setenta anos, Sócrates viu-se em meio a um furacão. Três atenienses – o poeta Melito, o político Ânito e o orador Lícon – chegaram à conclusão de que ele era um homem estranho e pernicioso. Afirmaram que não adorava os deuses, havia corrompido a estrutura social de Atenas e instigado a juventude a se rebelar contra seus pais. Na opinião dos acusadores, a atitude correta seria silenciá-lo e até mesmo matá-lo.

A cidade de Atenas havia estabelecido regras para distinguir o certo do errado. Ao sul da Ágora localizava-se o Tribunal de Helieia, uma grande edificação dotada de bancos de madeira, dispostos em uma das extremidades e destinados ao júri. Em uma plataforma no extremo oposto, ficavam o réu e o advogado de acusação. Os julgamentos começavam com um discurso da acusação, seguido de outro, proferido pela defesa. Em seguida, o júri, integrado por um número de pessoas que podia variar de duzentas a 2,5 mil, deveria indicar onde estava a verdade, marcando o veredicto em cédulas ou votando com as mãos. O método de se determinar o que era certo ou errado contando-se o número de pessoas favoráveis a uma determinada proposição era largamente utilizado tanto nas questões políticas quanto nas jurídicas de Atenas. Duas ou três vezes por mês, todos os cidadãos do sexo masculino, que somavam cerca de 30 mil, eram convidados a se reunir na colina de Pnice, a sudeste da Ágora, para deliberar sobre importantes questões de Estado pelo levantamento de mãos. Para a cidade, a opinião da maioria equiparava-se à verdade.

Havia quinhentos cidadãos no júri no dia do julgamento de Sócrates. A acusação deu início aos trabalhos, pedindo-lhes que partissem do pressuposto de que o filósofo ali presente era um homem desonesto. Ele havia investigado coisas relativas às entranhas da Terra e assuntos celestiais. Era um herege, havia lançado mão de recursos evasivos da retórica para fazer com que os argumentos mais débeis sobrepujassem os mais consistentes e exerceu uma influência perniciosa sobre a juventude, corrompendo-a intencionalmente por intermédio de seus diálogos.

Sócrates tentou rebater as acusações. Explicou que jamais sustentara qualquer teoria sobre as divindades ou investigara o que se passava sob a terra. Não era herege e acreditava plenamente na atividade divina; nunca havia tentado corromper a juventude de Atenas. Na realidade, o que ocorria era que alguns jovens de família rica e com tempo disponível haviam imitado seu método de investigação e irritado pessoas importantes, cuja ignorância era desmascarada. Se ele havia corrompido alguém, não havia sido essa a sua intenção, pois não via nenhum sentido em exercer deliberadamente uma influência nociva sobre os companheiros. Qualquer um que agisse assim corria o risco de ser pago na mesma moeda. Já que havia a possibilidade de ele haver corrompido as pessoas involuntariamente, o procedimento correto seria adverti-lo de maneira discreta e não submetê-lo a um tribunal.

Ele admitiu ter levado uma vida que poderia parecer excêntrica:

> Negligenciei assuntos que interessam à maioria das pessoas – ganhar dinheiro, gerenciar propriedades, receber honras civis e militares, exercer cargos influentes ou tomar parte em associações e partidos políticos que se formaram em nossas cidades.

No entanto, sua busca da filosofia havia sido motivada por um simples desejo de melhorar a vida dos atenienses:

> Tentei persuadir cada um de vocês a não preterir seu próprio bem-estar mental e moral em favor de vantagens de ordem prática.

Seu compromisso com a filosofia era tal, explicou ele, que o tornava incapaz de abrir mão de seu ofício, mesmo se o júri considerasse ser essa a condição essencial de sua absolvição.

> Insistirei sempre em dizer o que sempre tenho dito: "Meu caro amigo, você é ateniense e vive em uma cidade que é a maior e a mais famosa do mundo por sua sabedoria e força. Não se envergonha de se interessar apenas em amealhar grandes fortunas em dinheiro e, ao mesmo tempo, adquirir reputação e honrarias e desprezar ou voltar seu pensamento para a verdade e a compreensão e a perfeição de sua alma?". E, se alguém entre vós insistir e professar que se preocupa de fato com tais coisas, não o deixarei se afastar ou o abandonarei e sim irei inquiri-lo e examiná-lo e colocá-lo à prova [...] Agirei assim com todos que encontrar, velho ou moço, forasteiro ou concidadão.

Era chegada a hora de o Júri dos Quinhentos tomar uma decisão. Depois de uma breve deliberação, 220 jurados decidiram que Sócrates não era culpado; 280 optaram em votar o contrário. Um tanto surpreso, o filósofo

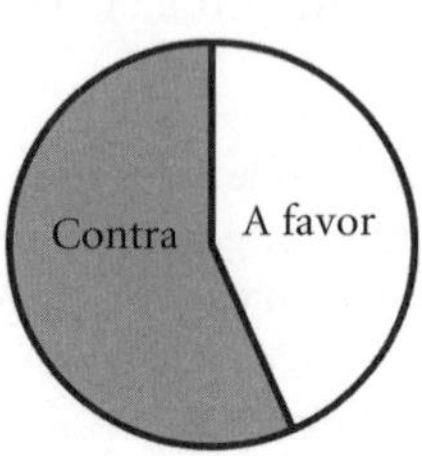

retrucou: "Não imaginava que a margem seria tão estreita". Mas não perdeu a confiança; não houve hesitação ou alarme; ele manteve a fé em um projeto filosófico que havia sido peremptoriamente rejeitado por uma maioria de 56 por cento de seus ouvintes.

Se não podemos estar à altura de tamanha serenidade, se estamos propensos a irromper em lágrimas diante de meia dúzia de palavras ásperas sobre nosso caráter ou nossas conquistas, talvez seja porque a aprovação alheia forme uma parte essencial da nossa capacidade de acreditar que estejamos certos. Encontramos uma justificativa para levar a sério a impopularidade não apenas por razões pragmáticas, por razões que digam respeito a promoções ou à sobrevivência, mas principalmente porque ser alvo de zombarias pode parecer um sinal inequívoco de que estamos no caminho errado.

Naturalmente Sócrates teria admitido que há momentos em que procedemos mal e devemos ser forçados a duvidar de nossos próprios pontos de vista, mas ele teria acrescentado um detalhe vital capaz de modificar nossa noção de relação da verdade com a impopularidade: os erros em nosso modo de pensar e em nosso modo de vida não podem, em nenhuma circunstância, ser apontados como erros pelo simples fato de encontrarmos qualquer tipo de oposição.

O que deveria nos preocupar não é o número de pessoas que nos contradizem, mas sim se essas pessoas têm ou não boas razões para agir dessa forma. Deveríamos, portanto, desviar nossa atenção da presença da impopularidade e nos concentrar nas explicações para ela. Pode ser assustador saber que uma grande parte de uma comunidade nos tira a razão. No entanto, antes de abrir mão da nossa posição devemos analisar o método pelo qual se chegou a tal conclusão. É a validade do método de avaliação empregado que deve determinar o peso que atribuímos à desaprovação alheia.

Deixamo-nos atormentar por uma tendência contrária: dar ouvidos a todos, aborrecer-nos com cada palavra rude e cada observação sarcástica. Esquecemos de nos fazer a pergunta fundamental e reconfortante: em que bases tal censura obscura foi feita? Tratamos com a mesma seriedade as objeções do crítico que analisou nosso comportamento com rigor e honestidade e aquelas do crítico que agiu movido pela misantropia ou pela inveja.

Deveríamos nos dar ao trabalho de examinar o que está por trás de uma crítica. Como Sócrates verificou, o âmago de um julgamento, embora cuidadosamente disfarçado, pode conter graves impropriedades. Sob influência de estados de ânimo momentâneos, nossos juízes podem ter tirado conclusões apressadas. Podem ter agido por impulso ou por preconceito e usado sua posição social para reforçar seus palpites. Podem ter formulado conceitos como se fossem ceramistas amadores e embriagados.

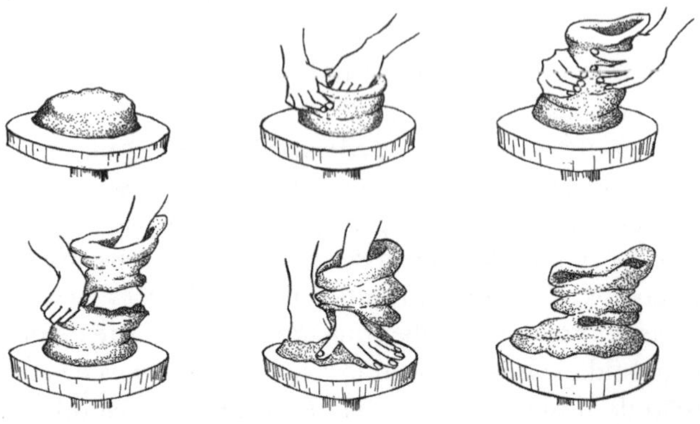

Infelizmente, ao contrário da arte da cerâmica, torna-se extremamente difícil estabelecer de pronto uma distinção entre um bom e um medíocre produto do pensamento. Não é difícil identificar o vaso feito pelo artesão embriagado e aquele feito por seu colega sóbrio.

No entanto, diante de duas definições, a avaliação do grau de superioridade entre elas é uma tarefa mais árdua.

ἡ φρόνιμος καρτερία ἔστιν ἀνδρεία.

Ter coragem é saber resistir com inteligência.

ἀνδρεῖός ἐστι ὃς ἂν ἐν τῇ τάξει μένων μάχηται τοῖς πολεμίοις.

O homem que não debanda e combate o inimigo é corajoso.

Uma opinião medíocre emitida com autoridade, embora sem provas de como foi formada, pode provisoriamente carregar todo o peso de uma opinião abalizada. Mas adquirimos um sentimento distorcido de respeito pelo outro quando nos concentramos unicamente em suas conclusões. Baseado nessa constatação, Sócrates nos recomenda com insistência que nos concentremos na lógica usada por nossos críticos ao tirarem conclusões a nosso respeito. Mesmo que não consigamos escapar das consequências da oposição, seremos, no mínimo, poupados do sentimento desanimador de estarmos persistindo no erro.

Tal ideia surgiu pela primeira vez um pouco antes do julgamento, durante uma conversa entre Sócrates e Polos, um renomado professor de retórica, que estava em visita a Atenas, proveniente da Sicília. Polos tinha opiniões políticas um tanto intransigentes e tentava convencer Sócrates de sua legitimidade. Ele argumentava que, na realidade, a melhor receita de felicidade para um ser humano era tornar-se um ditador. A ditadura lhe conferia o direito de agir como bem lhe aprouvesse, encerrar inimigos na prisão, confiscar-lhes os bens e executá-los.

Sócrates ouviu seus argumentos com polidez e, em seguida, contrapôs uma série de argumentos lógicos, na tentativa de mostrar que a felicidade consistia em fazer o bem. Mas Polos manteve-se irredutível e ratificou sua posição, ressaltando que os ditadores costumavam ser reverenciados por um grande número de pessoas. Ele citou como exemplo o nome de Arquelau, rei da Macedônia, que, apesar de haver assassinado o tio, o primo e um herdeiro legítimo de sete anos de idade, continuou a usufruir grande apoio em Atenas. O fato de Arquelau contar com um grande número de admiradores era um sinal, concluiu Polos, de que sua teoria sobre a ditadura estava correta.

Sem perder a fleuma, Sócrates admitiu que poderia ser muito fácil encontrar pessoas que gostassem de Arquelau. Em contrapartida, seria mais difícil encontrar alguém favorável à tese de que o bem traz felicidade a quem o pratica: "Se quiser convocar testemunhas dispostas a afirmar que estou errado, pode ter certeza de que seu ponto de vista será defendido por quase todos os cidadãos de Atenas", explicou Sócrates, "não importa se tenham nascido e se criado aqui ou em qualquer outro lugar".

> Se você quisesse, contaria com o apoio de Nícias, filho de Niceratus, e de seus irmãos, que são tão numerosos

> quanto as colunas do teatro de Dioniso. Você teria ainda o respaldo de Aristócrates, filho de Scellius [...] Poderia mesmo apelar para toda a família de Péricles, caso fosse essa a sua vontade, ou solicitar a opinião de qualquer outra família ateniense de sua escolha.

Mas o que Sócrates negava com veemência era que esse amplo apoio ao argumento de Polos poderia, por si só e sob todos os aspectos, provar que ele estava com a razão.

> Polos, o problema é que você está tentando usar comigo o mesmo tipo de refutação retórica que as pessoas nos tribunais julgam infalível. Lá também acredita-se que a melhor estratégia para se levar um oponente ao descrédito é convocar o testemunho de pessoas eminentes em apoio a uma determinada argumentação. Por sua vez, aquele que tem um ponto de vista antagônico ao da maioria dispõe, quando muito, de uma única testemunha. Mas esse tipo de respeitabilidade é completamente inútil no contexto da verdade, já que é perfeitamente possível alguém ser derrotado em juízo por uma horda de testemunhas cuja respeitabilidade é apenas aparente, que ali se reuniu com o objetivo de cumprir uma missão circunstancial de testemunhar contra o réu.

A verdadeira respeitabilidade não se origina da vontade da maioria e sim de uma argumentação adequada. Quando estamos fazendo vasos, devemos ouvir os conselhos daqueles que sabem transformar o verniz em Fe_3O_4, a uma temperatura de oitocentos graus; quando estamos construindo um navio, é o veredicto dos que constroem trirremes que deve nos preocupar; e quando estamos considerando temas éticos – como ser feliz e corajoso, justo e bom – não devemos nos intimidar por julgamentos inapropriados, mesmo que provenham dos lábios de professores de retórica, generais poderosos e aristocratas bem-vestidos da Tessália.

Parecia elitista e verdadeiramente o era. Nem todos merecem atenção. No entanto, o elitismo de Sócrates não continha vestígios de esnobismo ou preconceito. É possível que, para ser fiel ao que professava, ele tenha discriminado alguém, mas a discriminação não se baseava em classe social ou dinheiro, nem na nacionalidade do indivíduo ou em seu currículo militar ilibado. Sócrates baseava-se na razão, que era – conforme enfatizava – uma faculdade acessível a todos.

Para seguir o exemplo socrático, devemos, ao nos defrontarmos com a crítica, nos comportar como atletas em treinamento para os jogos olímpicos. As informações sobre esporte foram encontradas em *Conheça o interior de uma cidade grega da Antiguidade.*

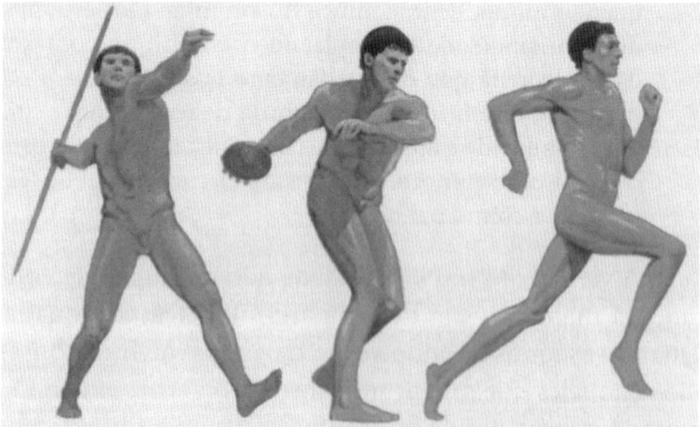

Imaginemos que somos atletas. Nosso treinador sugeriu um exercício cujo objetivo é fortalecer nossas panturrilhas para o arremesso da lança. Para tanto, é necessário apoiar-se sobre uma das pernas e levantar pesos. A posição parece estranha aos olhos dos leigos, que zombam de nós e argumentam que estamos desperdiçando nossas chances de sucesso. Nas termas, ouvimos por acaso um homem explicar a outro que estamos ἡμῖν μέλει μᾶλλον τὸ τά σκέλη καλὰ ἐπιδεικνύαι ἢ τὸ βοηθεῖν τῇ πόλει πρὸς τὴν ὀλυμπιονίκην. (mais interessados em exibir um par de panturrilhas musculosas do que em ajudar a cidade a vencer os jogos). Trata-se de uma observação cruel, mas sem motivos de alarme se ouvirmos Sócrates em conversa com seu amigo Críton:

> SÓCRATES: Quando um homem está [...] levando [o treinamento] a sério, ele presta atenção indiscriminadamente a todos os elogios, críticas e opiniões ou se detém apenas nas palavras de uma única pessoa qualificada, ou seja, o médico que o atende ou seu treinador?
> CRÍTON: Ele deve dar ouvidos apenas às pessoas qualificadas a opinar.
> SÓCRATES: Nesse caso, então, ele deve temer a crítica e acolher com alegria o elogio dessa pessoa e ignorar o que diz o público em geral.
> CRÍTON: É óbvio que sim.
> SÓCRATES: Ele deve pautar suas ações, exercícios e sua alimentação pelo julgamento de seu instrutor, que é perito no assunto, e não se preocupar com a opinião alheia.

O valor da crítica dependerá do processo do pensamento de quem a emite, e não de quantos a emitem ou da posição social que ocupam.

> Você não considera ser um bom princípio não se respeitarem todas as opiniões, e sim apenas algumas, em detrimento de outras [...] ou seja, respeitarem-se as que são boas e desprezar as ruins? [...] E as boas são aquelas que vêm de pessoas com discernimento, enquanto que as ruins partem daqueles que não o têm [...] Portanto, meu caro amigo, não deveríamos dar tanta importância ao que a plebe dirá a nosso respeito, e sim ao que os especialistas em questões de justiça e injustiça têm a dizer.

Os jurados que ocupavam os bancos do Tribunal de Helieia não eram especialistas. Entre eles havia um número insólito de velhos e feridos de guerra, que recorriam àquele tipo de trabalho como um meio fácil de conseguir uma renda extra. O salário era de três óbolos por dia, quantia menor que a recebida por um trabalhador braçal, mas representava uma boa ajuda para aqueles que já contavam 63 anos de vida e estavam entediados. Os únicos requisitos eram cidadania, sanidade mental e ausência de dívidas – embora a sanidade mental não fosse avaliada segundo os critérios socráticos; bastava demonstrar ser capaz de andar em linha reta e saber dizer o próprio nome quando fosse requisitado. Os membros do júri cochilavam durante os julgamentos, raramente tinham qualquer experiência em casos semelhantes ou leis que fossem relevantes e não recebiam qualquer orientação sobre como chegar a um veredicto.

O júri encarregado de julgar Sócrates era movido por violentos preconceitos. Todos haviam sido influenciados pela caricatura que Aristófanes havia feito de Sócrates e achavam que o filósofo exercera alguma influência nos acontecimentos desastrosos que haviam assolado a cidade, cujos dias de esplendor, naquele final de século, haviam terminado. A Guerra do Peloponeso havia terminado em catástrofe; a aliança persa-espartana subjugara Atenas, que foi bloqueada, viu sua frota ser destruída e seu império desmembrado. Pragas devastaram os bairros mais pobres, e a democracia foi substituída por um regime ditatorial, responsável pela execução de milhares de cidadãos. Para os inimigos de Sócrates, não era apenas uma coincidência o fato de muitos ditadores terem, no passado, estado em sua companhia. Crícias e Cármides haviam discutido assuntos éticos com Sócrates. Tudo levava a crer que todos eles haviam adquirido um gosto pelo crime como resultado dessas conversas.

Que circunstâncias poderiam ter sido responsáveis pelo declínio espetacular de Atenas? Por que a maior cidade da Hélade, que 75 anos antes havia derrotado os persas por terra em Plateia e por mar em Mícale, fora forçada a suportar uma sucessão de humilhações? O homem da túnica suja que vagava pelas ruas inquirindo sobre o óbvio parecia ser uma explicação inteligentemente plausível.

Sócrates percebeu que não tinha nenhuma chance. Não tinha sequer tempo para apresentar sua defesa. Os réus dispunham de alguns minutos apenas para se dirigir ao júri, enquanto a água corresse de uma jarra para outra no relógio do tribunal.

> Estou convencido de que nunca ofendi ninguém intencionalmente, mas não posso convencê-los disso, porque temos tão pouco tempo para discutir o assunto. Se, como acontece em outras nações, fosse adotada aqui a prática de se dedicar não apenas um dia mas vários aos interrogatórios necessários a um processo de importância capital, acredito que os senhores pudessem ser persuadidos da minha inocência; mas, na atual conjuntura, não é fácil livrar-se de acusações tão graves em um espaço de tempo tão exíguo.

A sala de um tribunal ateniense não era o local apropriado para se desvendar a verdade. Os julgamentos se resumiam a um rápido encontro entre velhos e aleijados que não haviam submetido suas crenças a um exame racional e aguardavam apenas que a água escoasse de uma jarra para outra.

Deve ter sido difícil ter isso em mente, deve ter sido necessário reunir o tipo de força acumulada durante anos de interação com o povo ateniense – *a força, sob determinadas circunstâncias, para não levar a sério as opiniões alheias.* Sócrates não agia premeditadamente, não se negava a ouvir opiniões geradas pela misantropia, que teriam se chocado com sua fé no potencial do racionalismo que todos os seres humanos têm. Mas, durante toda a sua vida, ele se levantou ao amanhecer com o objetivo de travar conversas com os atenienses; sabia como suas mentes funcionavam e havia constatado com pesar que muitas vezes eram incapazes de raciocinar com critério, embora jamais houvesse perdido a esperança de que um dia conseguiriam. Ele havia observado em seus interlocutores uma tendência para adotar pontos de vista governados por impulsos e seguir opiniões já consagradas pela maioria sem questioná-las. Não era por arrogância que ele tinha isso em mente no momento em que sofria oposição extrema. Ele tinha a autoconfiança de um homem racional que percebe que seus inimigos estão propensos a não refletir de maneira adequada, apesar de ele próprio jamais ter afirmado que seus próprios julgamentos eram infalíveis. A desaprovação poderia levá-lo à morte, mas não necessariamente provava sua culpa.

Não há dúvidas de que ele poderia ter renunciado à sua filosofia e salvado sua vida. Mesmo depois de ter sido considerado culpado, poderia ter escapado da pena de morte, mas a intransigência o levou a desperdiçar a oportunidade. Não devemos recorrer a Sócrates se quisermos conselhos sobre como evitar uma pena capital; devemos apelar para ele como um exemplo extremo de como manter a confiança quando advogamos um ponto de vista inteligente que foi refutado sem base na lógica.

O final do discurso do filósofo foi emocionante:

> Se os jurados me condenarem à morte, não encontrarão com facilidade alguém capaz de me substituir. O fato é que, se é que posso me expressar de uma maneira um tanto cômica, fui literalmente ligado por Deus à nossa cidade, como se ela fosse uma enorme égua puro-sangue que, devido ao seu tamanho, apresentasse uma propensão à preguiça e precisasse do estímulo de um mosquito [...] Se os senhores seguirem meu conselho, poupar-me-ão a vida. No entanto, suspeito de que dentro em breve irão despertar do torpor em que se encontram e, aborrecidos, seguirão o conselho de Ânito e desfecharão sobre mim o golpe final; em seguida, voltarão a dormir.

Ele não estava enganado. Quando o juiz convocou uma segunda votação para o veredicto final, 360 membros do júri votaram a favor da pena de morte. Os jurados foram para suas casas; o condenado foi escoltado à prisão.

5

O dia já devia estar terminando. A algazarra que animava as ruas escuras com certeza incluía manifestações de zombaria de atenienses antegozando o fim do pensador de cara de sátiro. Ele teria sido morto imediatamente se a sentença não tivesse coincidido com os festejos de uma solenidade anual em Delos, durante a qual, de acordo com a tradição, a cidade não podia executar ninguém. A boa índole de Sócrates atraiu a simpatia do carcereiro, que amenizou o sofrimento de seus últimos dias, permitindo que recebesse visitas. Uma sucessão de amigos foi a seu encontro: Fédon, Críton e seu filho Critóbulo, Apolodoro, Hermógenes, Epígenes, Ésquines, Antístenes, Ctésias, Menexeno, Símias, Cebes, Fedondas, Euclides e Terpsion. Nenhum deles conseguia disfarçar a dor de ver um homem que só havia manifestado grande bondade e curiosidade com relação ao próximo à espera de que dessem cabo de sua vida, como se fosse um criminoso.

Embora o quadro de David mostre Sócrates cercado por amigos desolados, devemos lembrar que aquela devoção destacava-se em um mar de incompreensão e ódio.

Em contraponto ao ambiente de angústia que se instalara na cela e em nome da variedade, Diderot poderia ter exortado alguns dos muitos prováveis pintores a captar a reação de outros atenienses face à ideia da morte de Sócrates – que poderia ter resultado em obras com títulos como *Cinco jurados jogando cartas depois de um dia no tribunal* ou *Os acusadores terminam seu jantar e se preparam para dormir*. Um pintor com um gosto pelo pathos poderia mais simplesmente ter escolhido intitular tais cenas *A morte de Sócrates*.

Quando o dia marcado chegou, Sócrates era o único a manter a calma. Sua mulher e os três filhos foram levados à sua presença, mas o pranto de Xantipa era tão histérico que Sócrates pediu que ela fosse afastada. Os amigos estavam mais tranquilos, embora não menos chorosos. Até mesmo o carcereiro, que havia presenciado os últimos momentos de muitos prisioneiros, sentiu-se compelido a lhe dirigir palavras constrangedoras de despedida:

> "Sua estada aqui me fez compreender que estava diante de um homem superior, o mais generoso e o mais gentil de todos que já passaram por este cárcere [...] Sabe qual é a mensagem da qual sou portador: adeus. Tente suportar o inevitável da forma mais fácil que puder." Dito isso, voltou-se e, sem conseguir conter as lágrimas, deixou a cela.

Em seguida, chegou o carrasco, trazendo uma taça de cicuta:

> Ao vê-lo, Sócrates disse: "Tu, meu amigo, que tens experiência nesses assuntos, diga-me como proceder". O homem assim o instruiu: "Basta beber e caminhar de um lado para outro até sentir um peso nas pernas. Deite-se então, e o veneno agirá". Terminadas as explicações, o algoz ergueu a taça e a entregou a Sócrates. Ele bebeu tudo na mais perfeita calma [...] não houve um único tremor

> ou qualquer sinal de palidez. O semblante permaneceu inalterável [...] Ele levou a taça aos lábios e sorveu todo o seu conteúdo de boa vontade e sem demonstrar a mínima aversão. Até aquele momento muitos de nós haviam conseguido conter as lágrimas [narração de Fédon]; mas, quando vimos que ele estava bebendo, que, de fato, havia bebido tudo, descontrolamo-nos completamente. No meu caso, as lágrimas brotavam livremente dos meus olhos e escorriam-me pela face sem que eu pudesse detê-las [...] Críton preferiu afastar-se quando viu que não era capaz de conter o pranto. E Apolodoro, que estivera soluçando o tempo todo, irrompeu num choro convulsivo que contagiou todos nós, à exceção do próprio Sócrates.

O filósofo implorou a seus companheiros que se acalmassem. "Que comportamento mais estranho, meus amigos!", zombou. Em seguida, levantou-se e começou a caminhar pela cela, aguardando a ação do veneno. Quando as pernas tornaram-se lânguidas, deitou-se de costas, o esmorecimento nos membros inferiores cessou e o veneno começou a espalhar-se por todo o corpo. Ao atingir o coração, ele perdeu gradualmente a consciência. A respiração ficou lenta. Quando viu os olhos de seu melhor amigo vidrarem-se, Críton aproximou-se e os cerrou.

> E foi assim [palavras de Fédon] [...] o fim do nosso companheiro, a quem posso chamar, sem medo de errar, de o mais corajoso, o mais sábio e o mais íntegro de todos que conheci.

É difícil para qualquer um não se deixar comover. Talvez devido às tão propaladas características físicas de Sócrates, cuja cabeça era desproporcional ao tronco, e os olhos, protuberantes, a cena de sua morte me fez lembrar de uma tarde em que chorei ao ver uma fita de vídeo de *O homem-elefante*.

Tive a impressão de que sobre ambos havia recaído a mais triste das sinas – ser bom e, mesmo assim, ser considerado mau.

É bastante provável que jamais tenhamos sido alvo de zombarias por algum defeito físico ou tenhamos sido condenados à morte pela maneira como nos comportamos em sociedade, mas existe algo de universal no contexto de ser mal interpretado do qual estas histórias são exemplos trágicos e definitivos. A vida em sociedade é cercada de disparidades entre as percepções que os outros têm de nós e a nossa realidade. Somos acusados de estupidez quando estamos sendo cautelosos. Nossa timidez é interpretada como arrogância e nosso desejo de agradar como servilismo. Esforçamo-nos para esclarecer os equívocos, mas nossa garganta fica seca e as palavras que usamos não expressam nossa intenção real. Inimigos figadais são indicados para ocuparem posições às quais temos de nos subordinar, e nos denunciam aos outros. Ecos do ódio injustamente dirigido a um filósofo inocente chegam a nós e nos identificamos com ele sempre que estamos nas mãos de pessoas que não podem ou não querem nos fazer justiça.

Existe, no entanto, o lado redentor da história. Logo após a morte do filósofo, os ânimos se inverteram. Isócrates relatou que a plateia que assistia ao Palamedes, de Eurípides, irrompeu em lágrimas quando o nome de Sócrates foi mencionado. Diodoro disse que seus acusadores acabaram linchados pelo povo de Atenas. Plutarco nos conta que os atenienses passaram a alimentar tamanho ódio pelos acusadores que se recusavam a banhar-se em sua companhia e os fizeram cair no ostracismo social até que, desesperados, eles se enforcaram. Diógenes Laércio narra que pouco tempo depois da morte de Sócrates a cidade condenou Melito à morte, baniu Ânito e Lícon e erigiu uma dispendiosa estátua de bronze de Sócrates, esculpida pelo grande Lisipo.

O filósofo havia vaticinado que Atenas acabaria por lhe dar razão, e foi o que aconteceu. É difícil crer em uma redenção de tamanho vulto. Esquecemos que só o tempo faz cair por terra os preconceitos e faz ceder a inveja. O episódio nos encoraja a interpretar nossa própria impopularidade por intermédio de julgamentos que não sejam os olhares zombeteiros de nossos juízes contemporâneos. Sócrates foi julgado por quinhentos homens de inteligência limitada, que nutriam suspeitas irracionais contra ele porque Atenas havia perdido a Guerra do Peloponeso e o réu tinha uma estranha aparência física. Ele, no entanto, manteve a fé no julgamento de tribunais mais amplos. Embora nossa vida esteja circunscrita a um lugar e a uma época, com base em seu exemplo podemos soltar nossa imaginação e nos projetar para outras terras e eras que prometem nos julgar com mais objetividade. É possível que não consigamos convencer nossos inquisidores a tempo para ajudar a nós mesmos, mas podemos ser consolados pela perspectiva do veredicto da posteridade.

Entretanto, existe o perigo de que a morte de Sócrates venha a nos seduzir por razões equivocadas. Ela pode fomentar uma crença sentimentalista em uma relação segura entre ser odiado pela maioria e estar com a razão.

Parece ser o destino dos gênios e santos sofrer a incompreensão de seus contemporâneos e, mais tarde, merecer estátuas de bronze criadas por Lisipo. Talvez não sejamos gênios ou santos. Talvez estejamos simplesmente adotando atitudes desafiadoras sem nos preocuparmos em fundamentar nossos bons motivos e pondo em dúvida de forma infantil nossas próprias convicções sempre que os outros nos tiram a razão.

Não era essa a intenção de Sócrates. Seria tão ingênuo acreditar que a impopularidade é sinônimo da verdade quanto acreditar que é sinônimo de erro. A validade de uma ideia ou ação é determinada não pelo fato de ser amplamente aceita ou amplamente rejeitada, mas pelo fato de obedecer ou não as regras da lógica. Não é porque uma argumentação é censurada pela maioria que ela está errada, nem, para aqueles que adotam uma atitude heroica de desafio, que está correta.

O filósofo nos ofereceu uma solução para duas poderosas ilusões: devemos sempre, ou não devemos nunca, dar ouvidos aos ditames da opinião pública.

Para seguir seu exemplo, seremos mais bem recompensados se nos esforçarmos para ouvir sempre os ditames da razão.

II

Consolação para quando não se tem dinheiro suficiente

1

Felicidade, um rol de aquisições

1. Uma mansão neoclássica e em estilo georgiano no centro de Londres. Em Chelsea (Paradise Walk e Markham Square), em Kensington (no lado sudeste da Campden Hill Road e na Hornton Street), em Holland Park (Aubrey Road). A fachada assemelha-se à da Royal Society of Arts, projetada pelos irmãos Adam (1772-1774). Amplas janelas de sacada com três aberturas separadas e valorizadas por colunas jônicas recebem a pálida claridade do pôr do sol londrino. No centro, um tímpano decorado com florões.

Na sala de estar do primeiro andar, o teto e a lareira reproduzem o projeto de Robert Adam para a biblioteca da Kenwood House.

 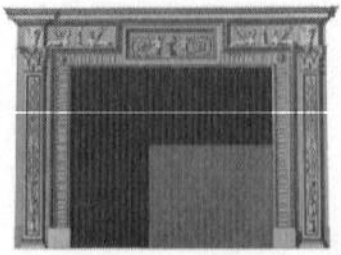

2. Um jato guardado em Farnborough ou Biggin Hill (um Dassault Falcon 900c ou um Gulfstream IV) e equipado com tecnologia de última geração, para tranquilizar ocupantes nervosos; sistema de alarme para avisar da aproximação com o solo, um radar capaz de detectar qualquer sinal de turbulência e um piloto automático CAT II. No leme de direção, um detalhe de natureza-morta – um peixe de Velázquez ou três limões, detalhe do quadro *Natureza-morta com caça, frutas e hortaliças*, de Sánchez Cotán (em exibição no Museu do Prado) – substitui as tradicionais listras.

 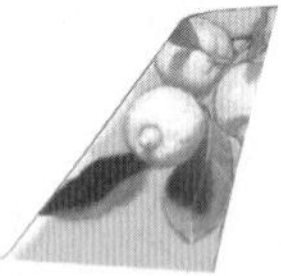

3. A Villa Orsetti, em Marlia, perto de Lucca. Do quarto, avista-se água e ouve-se o som de fontes. Nos fundos da casa, uma magnólia Delavayi ramificando-se ao longo do muro, um jardim de inverno, uma árvore frondosa para o verão e um gramado para jogos. Jardins à sombra permitem que se cultivem figos e nectarinas. Plantações de ciprestes e de alfazemas e um pomar de laranjeiras e oliveiras.

4. Uma biblioteca com uma enorme escrivaninha, uma lareira e vista para um jardim. Edições raras que exalam o

odor reconfortante de livros antigos, de páginas amareladas e ásperas ao toque. No alto das prateleiras, bustos de grandes pensadores e globos astrológicos. Em cada detalhe, seu interior lembra o projeto da biblioteca para uma das residências de Guilherme III da Holanda.

5. Uma sala de jantar igual à da Belton House, em Lincolnshire. Uma longa mesa de doze lugares em carvalho. Jantares frequentes com os amigos de sempre. Colóquios inteligentes, mas divertidos. Invariavelmente cordiais. Um chef atencioso e um número considerável de empregados eficientes para resolver todos os problemas administrativos (é indispensável que o chef seja versado em iguarias como crepe de abobrinha, talharim com trufas

brancas, sopa de peixe, risoto, codornas, St. Peter e frango grelhado). Uma saleta para chá e chocolates.

6. Um leito gigantesco embutido em um nicho na parede (idêntico a um modelo criado por Jean-François Blondel, em Paris). Roupa de cama macia, engomada e trocada diariamente. O comprimento é tal que, por mais que se estique, o ocupante não consegue tocar os pés da cama; mesinhas laterais embutidas, para água e biscoitos, e uma outra para a televisão.

7. No centro de um banheiro imenso, uma banheira, colocada sobre uma plataforma de mármore com motivos de concha azul-cobalto. Torneiras que, acionadas com a sola do pé, deixam verter a água em um jorro generoso e suave. Acima, uma claraboia. Piso aquecido e revestido em granito. Nas paredes, reproduções dos afrescos que enfeitam o Templo de Ísis, em Pompeia.

8. Dinheiro suficiente para permitir que se viva de juros sobre juros.

9. Para os fins de semana, uma cobertura na ponta da Ile de la Cité, decorada com peças do mobiliário pertencente ao período mais nobre da França (e o mais fraco, em termos de governo), ou seja, o reinado de Luís XVI. Uma cômoda em meia-lua assinada por Grevenich, um consolo, por Saunier, uma papeleira de Vandercruse-La Croix.

Manhãs ociosas, lendo o *Pariscope* na cama, comendo *pain au chocolat* em porcelana de Sèvres e trocando ideias às vezes provocadoras sobre a vida com a reencarnação da *Madonna* de Giovanni Bellini (exposta na Galleria dell'Accademia, em Veneza), cuja expressão melancólica esconde uma espontaneidade e um senso de humor aguçado – e que costuma vestir criações de Agnès B e Max Mara para suas caminhadas pelo Marais.

2

Anomalia em meio a uma confraria austera e contrária ao prazer, surgiu um único filósofo que parecia disposto a compreender e prestar sua contribuição. "Não sei conceber o bem", escreveu ele, "se reprimo os prazeres da mesa, se reprimo os prazeres da luxúria e da audição e se me privo das agradáveis emoções causadas pela visão de belas formas."

Epicuro nasceu em 341 a.C. na verdejante ilha de Samos, a poucos quilômetros da costa da Ásia Menor ocidental. Começou a ocupar-se de filosofia aos catorze anos, passando a viajar para ouvir as lições do platônico Panfilo e do atomista Nausífanes. Mas descobriu que não concordava com seus ensinamentos e já beirava os trinta anos quando decidiu formular seus próprios conceitos e iniciar um projeto filosófico próprio. Consta que escreveu trezentos livros sobre quase todos os assuntos. Entre essas obras incluem-se *Do amor*, *Da música*, *Da ética*, *Das maneiras de viver* (em quatro volumes) e *Da natureza* (em 37 volumes). No entanto, devido a uma série catastrófica de reveses, praticamente tudo se perdeu através dos séculos. Sua filosofia chegou até nós graças a alguns fragmentos que restaram e ao testemunho dos epicuristas que o sucederam.

O que de imediato distinguia sua filosofia era a ênfase na importância dos prazeres da carne: "O prazer é o princípio e o fim da vida feliz", sustentou Epicuro, confirmando uma tendência antiga que, no entanto, a filosofia raramente havia aceitado. O filósofo confessou sua paixão pela boa mesa: "A fonte e a raiz de todo bem é o prazer do ventre. Até a sabedoria e a cultura devem estar nele incluídos". A filosofia adequadamente praticada não passava de um manual do prazer:

> O homem que alega não estar ainda preparado para a filosofia ou afirma que a hora de filosofar ainda não chegou ou já passou assemelha-se ao que diz que é jovem ou velho demais para ser feliz.

Poucos filósofos foram tão francos em admitir um interesse irrestrito em um estilo de vida voltado para o prazer. As declarações de Epicuro escandalizaram muita gente, principalmente quando se tomou conhecimento de que suas ideias encontraram seguidores na classe abastada, primeiramente em Lâmpsaco, no estreito dos Dardanelos, depois em Atenas, e que esses seguidores haviam lançado mão de seus recursos para fundar uma associação filosófica cujo intuito era promover a felicidade. Imaginar o que se passava dentro da escola parecia ao mesmo tempo excitante e moralmente condenável.

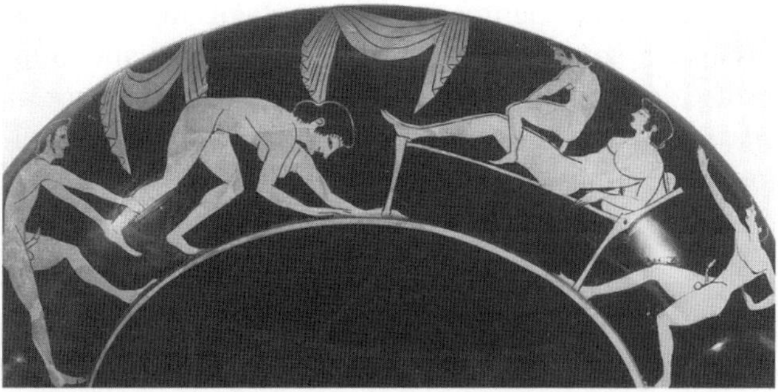

Houve frequentes indiscrições por parte de epicuristas descontentes, que passaram a descrever com riqueza de detalhes as atividades entre as palestras. Timócrates, irmão de Metrodoro, um dos amigos de Epicuro, espalhou o boato de que o filósofo precisava vomitar duas vezes por dia porque comia em excesso. E Diotimo, o Estoico, cometeu a indelicadeza de publicar cinquenta cartas obscenas que ele dizia terem sido escritas por Epicuro durante bebedeiras ou estados de exaltação sexual.

Apesar de críticas desse teor, os ensinamentos de Epicuro continuaram a atrair adeptos. Seus seguidores se espalharam para além do mundo mediterrâneo: escolas para o prazer foram fundadas na Síria, Judeia, Egito, Itália e Gália; e a filosofia continuou a exercer sua influência durante os quinhentos anos seguintes, para ser gradualmente extinta pela hostilidade dos bárbaros ameaçadores e dos cristãos durante o declínio do Império Romano no Ocidente. Já naquela época, o nome de Epicuro passou a constar de muitas línguas de forma adjetivada, como um tributo à sua influência. (*Oxford English Dictionary*: "Epicúreo: devotado à busca do prazer; por conseguinte, voluptuoso, sensual, glutão".)

Ao folhear algumas publicações em uma banca de jornais em Londres, 2.340 anos após o nascimento do filósofo, deparei-me com alguns exemplares de *Epicurean Life*, uma revista trimestral especializada em editar artigos sobre hotéis, iates e restaurantes, impressa em papel cuchê com o brilho de uma maçã bem polida.

O significado da influência de Epicuro era também sugerido pelo The Epicurian, um restaurante em uma pequena cidade de Worcestershire, que oferecia à sua clientela, acomodada em confortáveis cadeiras de espaldar alto em um salão silencioso, um cardápio com vieiras na brasa e risoto de cogumelos e trufas.

3

De Diotimo, o Estoico, aos editores da revista *Epicurean Life*, a palavra "prazer" desde que foi mencionada pela primeira vez adquiriu conotações óbvias, acarretadas pela força das associações que a filosofia de Epicuro vem provocando através dos tempos. A pergunta "De que preciso para alcançar uma vida feliz?" está longe de suscitar polêmicas quando o dinheiro não tem importância.

No entanto, a pergunta "O que é necessário para uma *vida saudável*?" pode ser bem mais difícil de responder, quando, por exemplo, somos afligidos por dores de cabeça recorrentes e estranhas ou quando pontadas insistentes na região abdominal nos surpreendem ao final de um jantar. Sabemos que há um problema; pode ser difícil encontrar uma solução.

Diante do sofrimento, a mente humana torna-se propensa a considerar algumas formas estranhas de cura: ventosas, sangrias, chás de urtiga, trepanação. Uma dor atroz faz latejarem a nuca e as têmporas, como se todo o crânio tivesse sido colocado em um torniquete. A cabeça parece prestes a explodir. A intuição parece apontar para a necessidade premente de permitir que o ar penetre no crânio. A vítima solicita a um amigo que posicione sua cabeça sobre uma mesa e faça uma pequena perfuração lateral. Ela morre algumas horas depois, em consequência de uma hemorragia cerebral.

Se consultar um médico competente é geralmente aconselhável, apesar do ambiente sombrio de muitas salas de espera de centros cirúrgicos, é porque alguém que já estudou racional e profundamente o funcionamento do organismo está provavelmente mais apto a tirar conclusões mais acertadas de como restabelecer a saúde do que alguém que se deixou levar por um palpite. A medicina pressupõe uma hierarquia entre as dúvidas do leigo sobre seu estado de saúde e o conhecimento mais preciso, acessível a médicos dotados de raciocínio lógico. A esses profissionais cabe compensar um desconhecimento às vezes fatal que um paciente apresenta sobre o funcionamento de seu próprio organismo.

A essência do epicurismo repousa no conceito de que a intuição pura e simples não nos habilita a solucionar as seguintes questões: "O que me fará feliz?" e "O que me fará saudável?". Em ambos os casos, a resposta que mais rapidamente nos ocorre é sujeita a falhas. Nossas almas não decifram nossas inquietações com mais clareza do que nosso organismo, e nossos diagnósticos intuitivos raramente são muito precisos. A trepanação poderia funcionar como um símbolo das dificuldades que temos quando tentamos entender os nossos estados psicológico e fisiológico.

Um homem sente-se insatisfeito. Reluta em levantar-se da cama de manhã, mostra-se taciturno e não dá atenção à família. Intuitivamente, culpa a profissão que escolheu e começa a procurar uma alternativa apesar dos altos custos que isso representa. Recorri pela última vez ao livro *Conheça o interior de uma cidade grega da Antiguidade.*

um ferreiro; um sapateiro; um peixeiro

Numa decisão precipitada, o homem julga que se sentirá mais realizado se escolher o ramo pesqueiro. Investe suas economias em uma rede e uma barraca na feira. No entanto, sua melancolia não abranda.

Segundo as palavras de Lucrécio, poeta epicurista, muitas vezes somos como "um homem doente, ignorante das causas de sua enfermidade".

Recorremos aos médicos porque eles entendem mais do que nós dos males do corpo. Deveríamos apelar para os filósofos pela mesma razão, quando nosso espírito encontra-se enfermo – e julgá-los de acordo com um critério semelhante.

> Assim como a medicina não traz benefícios se não liberta dos males do corpo, o mesmo sucede com a filosofia, se não liberta dos sofrimentos da alma.

Para Epicuro, a tarefa da filosofia consistia em nos ajudar a interpretar nossas pulsões indefinidas e, dessa forma, evitar planos equivocados para a obtenção da felicidade. Deveríamos parar de agir por impulso e investigar a racionalidade de nossos desejos de acordo com um método de questionamento semelhante ao que foi usado por Sócrates para avaliar definições éticas mais de cem anos antes. E, ao fornecer o que poderia às vezes parecer um diagnóstico racional de nossas aflições, a filosofia nos guiaria – prometeu-nos Epicuro – em direção a curas superiores e felicidade verdadeira.

Epicuro, 341 a.C. - 270 a.C.

4

Aqueles que deram ouvidos a boatos devem ter se surpreendido quando descobriram as verdadeiras preferências do filósofo do prazer. A casa onde morava não era luxuosa. A comida era simples. Epicuro preferia a água ao vinho e contentava-se com um jantar que incluía pão, legumes e um punhado de azeitonas. "Mande-me um pouco de queijo, para que eu possa fazer um banquete de vez em quando", pediu a um amigo. Eram esses os gostos de um homem que havia descrito o prazer como o propósito da vida.

Não era sua intenção enganar as pessoas. Sua devoção ao prazer era muito maior do que poderiam ter imaginado aqueles que o acusavam de incentivar orgias. Na realidade, ele nada mais fez do que, depois de uma análise racional, chegar a conclusões surpreendentes sobre o que de fato tornava a vida agradável – e, felizmente para os que não dispunham de uma boa renda, parecia que os ingredientes essenciais do prazer, por mais impalpáveis que fossem, não eram muito dispendiosos.

Felicidade, um rol epicurista de aquisições

1. Amizade

Ao retornar a Atenas em 306 a.C., com a idade de 35 anos, Epicuro formou um arranjo doméstico insólito. Estabeleceu-se em um casarão um pouco afastado do centro de Atenas, no bairro de Melite, entre o mercado e o porto de Pireu, e mudou-se para lá com um grupo de amigos.

Entre eles estavam Metrodoro e sua irmã, o matemático Polieno, Hermarco, Leonteu e sua esposa Temista, e um comerciante chamado Idomeneu (que não tardou em desposar a irmã de Metrodoro). Havia espaço suficiente para que os amigos tivessem seus próprios aposentos e havia cômodos destinados às refeições e às conversas em grupo.

Epicuro observou que:

> De todas as coisas que nos oferece a sabedoria para a felicidade de toda a vida, a maior é a aquisição da amizade.

Seu interesse em viver na companhia de pessoas afins era tão intenso que ele recomendava que jamais se comesse sozinho:

> Antes de comer ou beber qualquer coisa, pondere com mais atenção sobre com quem comer e beber do que sobre a comida ou a bebida, pois alimentar-se sem a companhia de um amigo é o mesmo que viver como um leão ou um lobo.

A casa de Epicuro assemelhava-se a uma grande família, mas aparentemente não havia lugar para o mau humor ou para qualquer sensação de confinamento, apenas solidariedade e gentileza.

Só passamos a existir quando alguém acompanha nossa existência, o que dizemos só passa a ter significado quando alguém consegue entendê-lo. Viver cercado de amigos é ter constantemente nossa identidade confirmada; o fato de eles nos conhecerem e se preocuparem conosco tem o poder de nos tirar de nossa indolência. Em seus pequenos comentários, muitas vezes importantes, revelam conhecer nossas fraquezas e aceitá-las e, dessa forma, por sua vez, aceitar que temos um lugar no mundo.

Podemos perguntar-lhes "Ele não é assustador?" ou "Você já percebeu alguma vez que...?" e sermos compreendidos, em vez de recebermos respostas enigmáticas como "Não, não exatamente" – que podem nos fazer sentir, mesmo em companhia de outrem, tão solitários quanto exploradores polares.

Verdadeiros amigos não nos julgam de acordo com critérios seculares, é nossa personalidade que lhes interessa; como pais ideais, o amor que nos dedicam não é afetado pela nossa aparência física ou pela posição que ocupamos na hierarquia social. Dessa forma, não temos escrúpulos em nos apresentar diante deles malvestidos ou revelar que ganhamos pouco dinheiro este ano. O desejo de ter riqueza talvez não deva ser sempre entendido como ânsia por uma vida luxuosa. Um motivo mais importante talvez fosse o desejo de ser admirado e bem tratado. Podemos almejar a fortuna com o único objetivo de assegurar o respeito e a atenção de pessoas que, em outras circunstâncias, nos desprezariam. Epicuro, ao discernir nossa carência subjacente, reconheceu que um punhado de bons amigos sinceros poderia prover o amor e o respeito que mesmo a riqueza não traz.

2. Liberdade

Epicuro e seus amigos fizeram uma segunda inovação radical. Para que não precisassem trabalhar para pessoas de quem não gostavam e submeter-se a caprichos potencialmente humilhantes, afastaram-se do trabalho no mundo comercial ateniense ("Precisamos nos libertar da prisão que os negócios cotidianos e a política cotidiana representam") e formaram o que poderia ser mais bem descrito como comunidade, aceitando um modo de vida mais simples em troca da independência. Teriam menos dinheiro, mas não voltariam jamais a se submeter às ordens de superiores que odiavam.

Compraram, então, um jardim na vizinhança, um pouco fora dos limites da porta de Dipylon, e passaram a cultivar alguns vegetais, provavelmente *bliton* (repolho), *krommyon* (cebola) e *kinara* (um ancestral da moderna alcachofra, cuja base era comestível, mas não as escamas). Sua dieta não era luxuosa nem abundante, e sim saborosa e nutritiva. Como Epicuro explicou a seu amigo Meneceu, "[O sábio] não escolhe a maior quantidade de comida, mas a mais agradável".

A simplicidade não afetava o senso de status dos amigos porque, ao se distanciarem dos valores de Atenas, deixaram de julgar a si próprios segundo aspectos materiais. Não havia necessidade de constrangimento diante de paredes nuas e nenhum benefício em exibir a posse de ouro. Entre um grupo de amigos que vivia afastado do centro político e econômico da cidade, não havia – no sentido financeiro – nada a provar.

3. Reflexão

Um dos melhores remédios para a ansiedade é a reflexão. Quando anotamos um problema ou o verbalizamos em uma conversa, permitimos que seus aspectos essenciais venham à tona. Uma vez identificado seu caráter, eliminamos, se não o problema em si, pelo menos as características secundárias que o agravam: confusão, indecisão, perplexidade.

Todos os frequentadores do Jardim, nome pelo qual ficou conhecida a comunidade de Epicuro, eram encorajados a refletir. Muitos de seus amigos eram escritores.

Segundo Diógenes Laércio, Metrodoro, por exemplo, escreveu doze obras, entre elas *Sobre o caminho que conduz à sabedoria* e *Sobre a doença de Epicuro*, que se perderam. Nos aposentos coletivos da casa de Melite, assim como na horta, devem ter existido oportunidades ininterruptas de examinar problemas na companhia de pessoas que eram tão inteligentes quanto solidárias.

Epicuro desejava especialmente que ele e seus amigos aprendessem a analisar suas ansiedades com relação ao dinheiro, à doença, à morte e ao sobrenatural. O filósofo argumentava que a partir de uma reflexão racional sobre a mortalidade chega-se à conclusão de que depois da morte nada havia senão o esquecimento, e que "o que não nos perturba quando acontece é uma preocupação inútil quando o esperamos". Não há sentido em alarmar-se por antecipação com um estado sobre o qual não temos qualquer experiência:

> Não existe nada de medonho na vida para o homem que compreendeu verdadeiramente que não existe nada de terrível em não viver.

A análise sensata acalmava a mente; ela poupava os amigos de Epicuro de vislumbres furtivos das dificuldades que os teriam obsedado no ambiente de irreflexão além do Jardim.

***

Sem dúvida, é improvável que a riqueza sempre traga a infelicidade. Mas o ponto crucial da tese de Epicuro é que, se temos dinheiro e não temos amigos, liberdade e uma vida baseada na reflexão, *jamais seremos verdadeiramente felizes.* E, se temos tudo, com exceção do dinheiro, *jamais seremos infelizes.*

Para ressaltar o que é essencial para a felicidade e o que pode ser posto de lado sem maiores arrependimentos, no caso de injustiças sociais ou desordens econômicas impedirem o acesso pessoal à prosperidade, Epicuro dividiu nossas necessidades em três categorias:

> Com relação aos desejos, alguns são naturais e necessários; outros são naturais e desnecessários. E há aqueles que não são nem naturais nem necessários.

O QUE É E NÃO É ESSENCIAL PARA A FELICIDADE

Natural e necessário	**Natural mas desnecessário**	**Nem natural nem necessário**
Amigos	Palacete	Fama
Liberdade	Terma privativa	Poder
Reflexão (sobre as principais fontes de ansiedade: morte, doença, pobreza, superstição)	Banquetes	
	Empregados	
	Peixe, carne	
Casa, comida, roupas		

Essencial para aqueles incapazes de ganhar ou temerosos de perder dinheiro, a divisão tríplice de Epicuro sugeria que a felicidade dependeria de alguns bens psicológicos complexos mas era relativamente independente de bens materiais além dos meios exigidos para adquirir agasalhos, um lugar para morar e algo para comer – um conjunto de prioridades projetadas para estimular a reflexão naqueles que haviam equiparado a felicidade com a fruição de grandes projetos financeiros e o infortúnio com uma renda modesta.

Para representar graficamente a relação epicurista entre o dinheiro e a felicidade, a capacidade que o dinheiro tem de promover a felicidade já está presente em salários modestos e não aumenta com os mais altos. Não deixaremos de ser felizes com gastos maiores, mas não *excederemos*, insistia Epicuro, os níveis de felicidade já disponíveis àqueles que recebem uma renda limitada.

RELAÇÃO ENTRE FELICIDADE E DINHEIRO PARA ALGUÉM QUE TEM AMIGOS, LIBERDADE ETC.

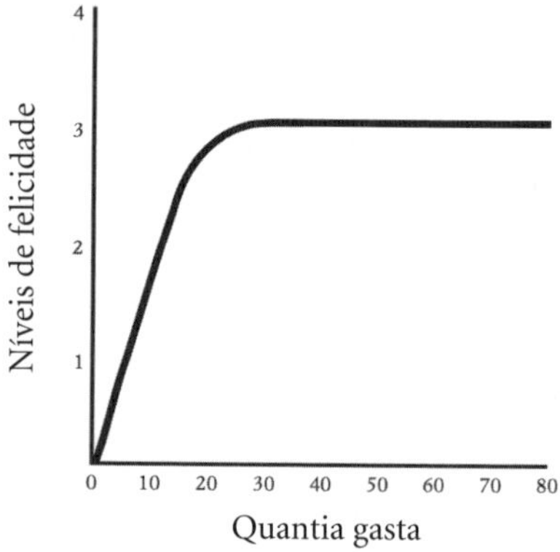

A análise dependia de uma certa compreensão do significado da felicidade. Para Epicuro, somos felizes se não estamos em sofrimento *ininterrupto*. Porém, se a falta de nutrientes e de agasalho nos traz a dor do sofrimento ininterrupto, devemos ter dinheiro suficiente para adquiri-los. Mas sofrimento é uma palavra forte demais para descrever o que ocorrerá se somos obrigados a usar um cardigã comum em vez de caxemira, ou a comer um sanduíche em lugar de vieiras na brasa. Pode-se, então, afirmar que:

> A alimentação trivial oferece o mesmo prazer de uma mesa sofisticada, quando o sofrimento que advém da escassez é suprimido.

O fato de fazermos regularmente refeições como a retratada na ilustração à direita ou como a da esquerda não deve ser um fator decisivo em nosso estado de espírito.

 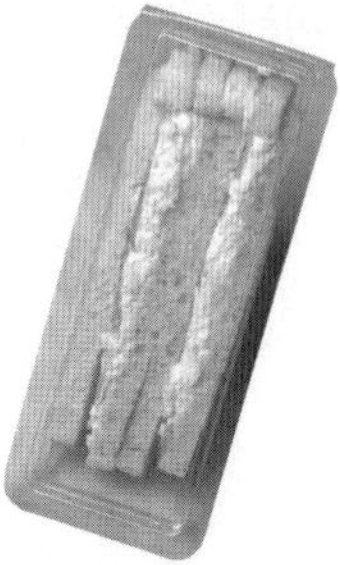

Com relação à carne, ela não mitiga nem a premência de nossas necessidades vitais nem um desejo cuja insatisfação acarreta sofrimento [...] Ela não contribui para a manutenção da vida, mas proporciona prazeres variados [...] como a degustação de vinhos exóticos e tudo do que nosso organismo é suficientemente capaz de se privar.

Pode ser tentador atribuir esse menosprezo do luxo ao limitado leque de produtos disponíveis para os ricos na economia subdesenvolvida da Grécia helenística. Todavia, pode-se ainda sustentar esse argumento considerando-se o desequilíbrio na razão preço/felicidade de produtos de épocas mais recentes.

Seríamos infelizes se tivéssemos o veículo da esquerda, mas não tivéssemos amigos; uma casa de campo, mas não a liberdade; lençóis de linho, mas ansiedade demais para dormir. Basta que as necessidades não materiais essenciais não sejam atendidas para que a linha no gráfico da felicidade insista em permanecer obstinadamente baixa.

RELAÇÃO ENTRE FELICIDADE E DINHEIRO PARA ALGUÉM QUE NÃO TEM AMIGOS, LIBERDADE ETC.

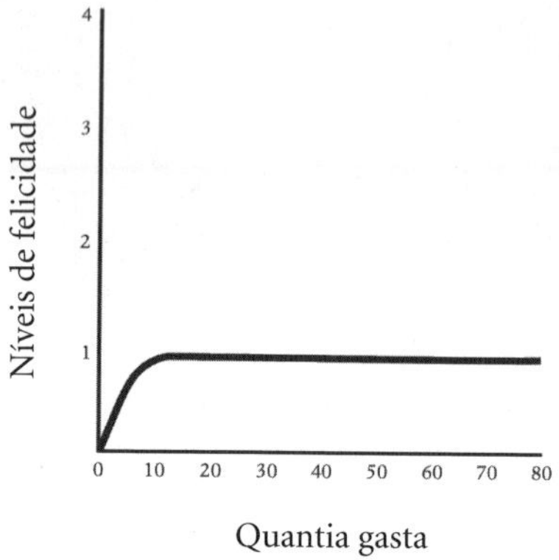

Nada satisfaz o homem que não se satisfaz com pouco.

***

Para evitar adquirir aquilo de que não precisamos ou lamentar não ter o que o nosso dinheiro não pode comprar, devemos nos perguntar, no exato momento em que cobiçamos um objeto caro, se nosso procedimento é correto. Devemos empreender uma série de tentativas de raciocínio em que nos imaginamos no futuro, no momento em que nossos desejos foram realizados, a fim de avaliarmos nosso provável grau de felicidade:

> A cada desejo convém aplicar o seguinte método de interrogação: o que me sucederá se meu desejo for realizado? O que me acontecerá se eu não puder realizá-lo?

Apesar de exemplos de tal método não terem sobrevivido, ele deve ter seguido pelo menos cinco etapas – que podem sem nenhuma injustiça ser esquematizadas no estilo de um manual de instruções ou de um livro de receitas.

a. Identifique um projeto de felicidade.

> *Para ser feliz nas férias, devo ter uma casa de campo.*

b. Imagine que o projeto possa ser falso. Procure exceções a uma suposta ligação entre o objeto do desejo e a felicidade. É possível obter o objeto cobiçado, mas não ser feliz? É possível ser feliz sem obtê-lo?

> *Eu poderia gastar dinheiro em uma casa de campo e ainda não ser feliz?*
> *Eu poderia me sentir feliz nas férias sem gastar o dinheiro que gastaria em uma casa de campo?*

c. Se uma exceção for encontrada, o objeto do desejo não pode ser uma causa necessária e suficiente de felicidade.

> *É possível viver momentos de infortúnio em uma casa de campo se, por exemplo, eu me sentir sem amigos e isolado.*
> *É possível que eu venha a me sentir feliz em uma tenda se, por exemplo, estiver em companhia de alguém de que gosto e que goste de mim.*

d. Uma avaliação precisa da obtenção da felicidade requer que o projeto inicial seja nuançado de modo a levar em conta a exceção.

> *O grau de felicidade que posso ter em uma casa de campo depende de eu estar com alguém de quem eu goste e que goste de mim.*
> *Eu posso ser feliz sem gastar dinheiro em uma casa de campo, contanto que eu esteja com alguém de quem eu goste e que goste de mim.*

e. As verdadeiras necessidades podem agora parecer muito diferentes do confuso desejo inicial.

A felicidade depende mais do fato de se contar com uma companhia agradável do que com uma casa de campo bem decorada.

A posse das maiores riquezas não diminui a agitação da alma nem propicia uma alegria extraordinária.

5

Por que, então, somos tão fortemente atraídos por coisas caras, se elas não podem nos trazer alegrias extraordinárias? Por causa de um erro semelhante ao do enfermo acometido de uma crise de enxaqueca que faz uma perfuração no crânio: porque objetos caros podem parecer soluções plausíveis para necessidades que não compreendemos. Os objetos imitam, em uma dimensão material, aquilo de que necessitamos no plano psicológico. Precisamos reorganizar nossas mentes, mas somos seduzidos por prateleiras repletas de novidades. Compramos um cardigã de caxemira como um substituto para o conselho de amigos.

Mas não somos os únicos culpados de nossos equívocos. Nosso débil entendimento de nossas necessidades é agravado pelo que Epicuro denominou de "opiniões vãs" daqueles que nos cercam, que não refletem a hierarquia natural de nossas necessidades, enfatizando o luxo e a riqueza, raramente a amizade, a liberdade e a reflexão. A prevalência de uma opinião vã não é uma coincidência. Faz parte dos interesses do mundo dos negócios que essa hierarquia seja desvirtuada, para a promoção de uma visão material do bem e uma desvalorização do que não pode ser comprado.

E a maneira de nos seduzir é estabelecer uma associação astuciosa entre os artigos supérfluos e nossas outras necessidades esquecidas.

Pode ser um jipe que acabamos comprando, mas era – na opinião de Epicuro – a liberdade que estávamos procurando.

Pode ser um aperitivo que compramos, mas era – na opinião de Epicuro – a amizade que estávamos buscando.

Podem ser alguns artigos finos de toucador que adquirimos, mas era – na opinião de Epicuro – a reflexão que teria nos trazido a paz.

Para neutralizar o poder de imagens luxuosas, os epicuristas avaliaram a importância da propaganda.

No início do século II d.C., no mercado principal de Enoanda, cidade de 10 mil habitantes na região sudoeste da Ásia Menor, foi erigida uma enorme muralha de oitenta metros de largura e quase quatro metros de altura, com inscrições epicuristas, cuja finalidade era atrair a atenção dos compradores:

> Comidas e bebidas requintadas [...] de modo algum libertam do mal ou proporcionam a saúde da carne.
> Deve-se atribuir à riqueza excessiva o mesmo grau de inutilidade que representa acrescentar água a um recipiente que já está prestes a transbordar.
> Os verdadeiros valores não são gerados por teatros e termas, perfumes e essências [...] mas pela ciência natural.

O muro foi pago por Diógenes, um dos homens mais ricos de Enoanda, que desejava, quatrocentos anos após Epicuro e seus amigos terem fundado o Jardim em Atenas, compartilhar com seus concidadãos os segredos da felicidade que ele havia descoberto na filosofia de Epicuro. Em um dos cantos do muro, Diógenes explica:

> Já tendo atingido o ocaso da minha vida (estando quase prestes a partir deste mundo, devido a minha idade avançada), desejei, antes de ser vencido pela morte, compor um belo hino para celebrar a plenitude do prazer e, dessa forma, ajudar agora aqueles que estão saudáveis. Mas, se uma única pessoa, ou duas, ou três, quatro, ou cinco, ou seis [...] estivesse em má situação, eu deveria me endereçar a ela individualmente [...] No entanto, como a maioria das

> pessoas sofre de uma mesma doença, como em uma praga, com suas falsas concepções a respeito das coisas, e como esse número de pessoas está crescendo (pois, em uma emulação mútua, elas pegam a doença uma das outras, como ovelhas) [...] foi meu desejo usar este pórtico para anunciar publicamente os remédios que trazem a salvação.

A enorme muralha de calcário continha cerca de 25 mil palavras que divulgavam todos os aspectos do pensamento de Epicuro, mencionando a importância da amizade e a análise das ansiedades. Os habitantes que faziam suas compras nas lojas de Enoanda eram avisados com detalhes de que sua atividade não lhes traria muita felicidade.

A publicidade não seria tão vitoriosa se não fôssemos criaturas tão sugestionáveis. Cobiçamos coisas que nos são apresentadas vistosamente em muros e perdemos o interesse quando essas mesmas coisas caem no esquecimento ou adquirem má reputação. Lucrécio lamentava a maneira pela qual aquilo que desejamos é "escolhido mais por influência da opinião alheia do que pelo que nos revelam nossos sentidos".

Infelizmente, proliferam imagens atraentes de produtos e locais suntuosos, e pouco se fala de ambientes e pessoas comuns. Recebemos pouco incentivo para levar em consideração recompensas modestas: brincar com uma criança, conversar com amigos, uma tarde ao sol, uma casa limpa, um pouco de queijo sobre uma fatia de pão fresco ("Mande-me um pouco de queijo, para que eu possa fazer um banquete de vez em quando"). Não são esses os elementos festejados nas páginas da *Epicurean Life*.

A arte pode ajudar a corrigir semelhante tendenciosidade. Ao compor seu poema no mais puro latim, Lucrécio reforçou a defesa intelectual da simplicidade, advogada por Epicuro, ajudando-nos a encontrar o prazer nas coisas de pouco valor material:

Sabemos que as exigências de nossa natureza corpórea são realmente poucas, não mais do que o necessário para suprimir a dor e nos proporcionar numerosas delícias. A própria natureza não exige nada mais recompensador do que isso e não reclama se não temos na casa imagens douradas de jovens empunhando na mão direita tochas ardentes para iluminar os banquetes que se prolongam pela noite adentro. Que importa se a casa não refulge com a prata ou não rebrilha com o ouro e se não ressoam as cítaras pelos salões adornados com relevos reluzentes? A natureza não se ressente da falta de tais luxos, quando as criaturas podem reclinar-se junto

Ergo corpoream ad naturam pauca videmus
esse opus omnino, quae demant cumque dolorem.
delicias quoque uti multas substernere possint
gratius interdum, neque natura ipsa requirit,
si non aurea sunt invenum simulacra per aedes
lampadas igniferas manibus retinentia dextris,
lumina nocturnis epulis ut suppeditentur,
nec domus argento fulget auroque renidet
nec citharae reboant laqueata aurataque templa,
cum tamen inter se prostrati in gramine molli

aos seus, sobre a relva macia, à beira de um córrego, à sombra de uma árvore frondosa e refrescar os corpos sem que tudo isso nada lhes custe. Sobretudo, se o tempo lhes sorri e a estação do ano cobre de flores a grama verdejante.

propter aquae rivum sub ramis arboris altae
non magnis opibus incundae corpora curant,
praesertim cum tempestas adridet et anni
tempora conspergunt viridantis floribus herbas.

É difícil medir o efeito do poema de Lucrécio sobre a atividade comercial do mundo greco-romano. É difícil saber se os fregueses do mercado de Enoanda descobriram o que realmente precisavam e deixaram de comprar o que não precisavam graças à gigantesca publicidade em seu seio. Mas é possível que uma campanha publicitária epicurista bem-articulada tivesse o poder de precipitar um colapso econômico global. Como, para Epicuro, a maioria das atividades comerciais estimula desejos desnecessários nas pessoas que não conseguem entender suas necessidades reais, os níveis de consumo seriam destruídos por uma maior consciência de si próprio e apreciação da simplicidade. Epicuro não se teria deixado perturbar:

> Quando medida pelo propósito natural da vida, a pobreza é grande riqueza; riqueza ilimitada, grande pobreza.

Isso nos aponta para uma escolha: por um lado, sociedades que estimulam desejos desnecessários mas, em consequência, alcançam um enorme poderio econômico; por outro, sociedades epicuristas, que proveriam as necessidades materiais básicas mas jamais alcançariam um padrão de vida além do nível de subsistência. Não existiriam monumentos grandiosos em um mundo epicurista, nem avanços tecnológicos, e haveria pouco incentivo ao comércio com continentes distantes. Uma sociedade em que as pessoas seriam mais limitadas em suas necessidades seria também uma sociedade de poucos recursos. E, mesmo assim – se devemos acreditar no filósofo –, tal sociedade não seria infeliz. Lucrécio articulou a escolha. Em um mundo sem os valores epicuristas:

> A humanidade é uma vítima perpétua de um martírio inútil e sem sentido, desperdiçando a vida com preocupações estéreis por não conseguir perceber que limite deve ser estabelecido para a aquisição e para o crescimento do prazer verdadeiro.

Mas ao mesmo tempo:

> É essa insatisfação que faz a vida seguir adiante, em direção ao alto-mar [...]

Podemos imaginar a resposta de Epicuro. Por mais impressionantes que sejam nossas aventuras em alto-mar, o único modo de avaliar seus méritos é de acordo com o prazer que inspiram:

> É ao prazer que recorremos, usando a sensibilidade como norma para julgar o bem.

E como um aumento da riqueza das sociedades parece não garantir um aumento da felicidade, Epicuro teria sugerido que as necessidades que os artigos de luxo conseguem suprir não podem ser aquelas das quais nossa felicidade depende.

6

Felicidade, um rol de aquisições

1. Uma cabana.

2. 

3. Para evitar paternalismo, tráfico de influência, disputas e competição:

4. Reflexão.

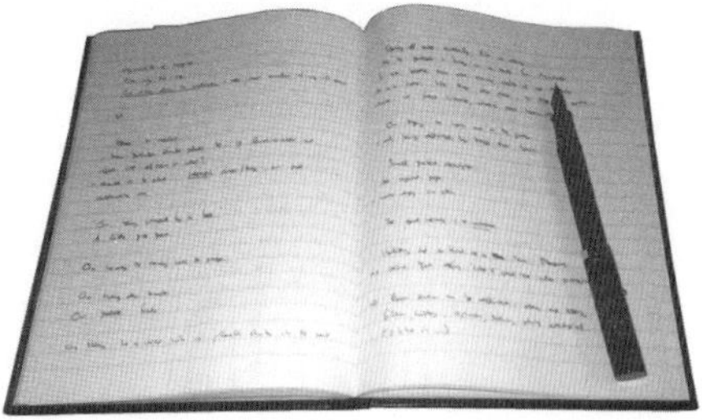

5. A reencarnação da *Madonna* de Giovanni Bellini (exposta na Galleria dell'Accademia, em Veneza), cuja expressão melancólica esconde uma espontaneidade e um senso de humor aguçado – e que costuma usar roupas de tecido sintético, adquiridas nas prateleiras e cabides de lojas de departamento modestas.

A felicidade pode ser difícil de se obter. Os obstáculos não são primordialmente financeiros.

III

Consolação para a frustração

1

Treze anos antes de pintar *A morte de Sócrates*, Jacques--Louis David já havia voltado suas atenções para outro filósofo da Antiguidade que também enfrentou o fim com extraordinária calma, em meio ao pranto histérico da família e dos amigos.

David tinha 25 anos quando, em 1773, pintou *A morte de Sêneca*. O quadro retrata os últimos momentos do filósofo, adepto da doutrina estoica, em abril de 65 d.C., em uma vila nos arredores de Roma. Um centurião havia chegado à sua casa poucas horas antes com instruções do imperador: o filósofo deveria dar cabo da própria vida imediatamente. Aos 28 anos e portador de distúrbios mentais, Nero havia sido informado de que havia uma conspiração para afastá-lo do trono. Fora de si, procurava vingar-se indiscriminadamente. Embora não houvesse provas do envolvimento de Sêneca no conluio e apesar do fato de ele ter sido preceptor de Nero por cinco anos e ter atuado como seu leal ministro durante uma década, Nero o sentenciou à morte por medidas acautelatórias. Àquela altura, ele já havia promovido o assassinato de seu meio-irmão Britânico, assim como o de Agripina, sua mãe, e o de sua esposa, Otávia; havia também se livrado de um grande número de senadores e cavaleiros, atirando-os aos crocodilos e leões e havia exultado ao ver Roma ser consumida pelas chamas no grande incêndio de 64.

Ao tomarem conhecimento da ordem de Nero, os amigos de Sêneca empalideceram e começaram a chorar. No entanto, segundo o relato de Tácito interpretado por David, o filósofo permaneceu impassível e tentou conter as lágrimas dos que o cercavam e reavivar-lhes a coragem:

> Onde está sua filosofia, perguntou ele, e o que foi feito da decisão de jamais se deixarem abater diante da iminência de qualquer desgraça que, durante tantos anos, todos vêm incentivando uns aos outros a manter? "Certamente ninguém ignorava que Nero era cruel!", acrescentou. "Depois de matar a mãe e o irmão, só lhe restava matar seu conselheiro e preceptor."

Sêneca voltou-se para a esposa, Paulina, abraçou-a com ternura ("em contraste com sua impassibilidade filosófica" – Tácito) e recomendou-lhe que encontrasse consolo em sua vida bem vivida. Mas ela não podia conceber uma existência sem ele e pediu permissão para cortar os pulsos também. Sêneca não se opôs a seu desejo:

> Não impedirei que você dê um exemplo tão admirável. Podemos morrer com uma força moral idêntica, embora o seu fim seja muito mais nobre que o meu.

Mas porque o imperador não desejava que sua reputação de tirano cruel ganhasse uma proporção cada vez maior, seus soldados, ao perceberem que Paulina havia pego uma faca para cortar suas veias, arrancaram-lhe a arma à força e envolveram-lhe os pulsos com bandagens.

O suicídio de seu marido não se concretizava. O sangue não fluía com suficiente rapidez de seu corpo envelhecido, mesmo depois de ter cortado as veias dos tornozelos e da parte interna dos joelhos. Foi então que, em um eco da morte em Atenas, ocorrida 464 anos antes, Sêneca pediu a seu médico que lhe preparasse uma taça de cicuta. Ele considerava Sócrates o exemplo de que era possível vencer forças externas com a ajuda da filosofia (e, em uma carta escrita poucos anos antes da ordem de Nero, ele já havia expressado sua admiração pelo filósofo grego):

> Quando nos lembramos de sua esposa, uma mulher rude e geniosa, ou de seus filhos, imaginamos que sua vida em família devia ser bastante atribulada [...] Ele viveu tempos de guerra e sob o jugo de tiranos [...] mas todas essas provações afetaram tão pouco seu espírito que suas feições jamais se alteraram. Que privilégio tão raro e maravilhoso! Ele manteve a mesma atitude até o fim [...] em meio a tantos reveses da Fortuna, ele foi imperturbável.

Mas o desejo de Sêneca de seguir o exemplo do ateniense não pôde ser realizado. Ele bebeu a cicuta mas ela não surtiu efeito. Depois de duas tentativas vãs, ele finalmente pediu que o colocassem em um banho de vapor, onde sufocou lentamente até a morte, sofrendo com serenidade, mantendo-se impassível diante do revés da Fortuna.

A versão rococó de David não foi a primeira a retratar a cena, tampouco é a melhor. Sêneca parece mais um paxá reclinado do que um filósofo agonizante. Com o seio direito descoberto e projetado para a frente, Paulina traja vestes mais condizentes com a grande ópera do que com a Roma imperial. Todavia, a representação de David daquele momento corresponde, embora canhestramente, a uma longa história de admiração pelo modo pelo qual o romano enfrentou seu aterrador destino.

Loyset Liedet, 1462

Rubens, 1608

Ribera (Jusepe), 1632

Luca Giordano, cerca de 1680

Embora sua vontade tivesse entrado em um conflito repentino e extremo com a realidade, Sêneca não sucumbiu a demonstrações comuns de fraqueza; as surpreendentes exigências da realidade foram cumpridas com dignidade. Com sua morte, Sêneca ajudou a criar, juntamente com outros pensadores estoicos, uma associação duradoura entre o significado exato da palavra "filosófico" e uma abordagem comedida e serena à vicissitude.

Desde o começo, ele concebera a filosofia como disciplina para ajudar o ser humano a superar os conflitos entre seus desejos e a realidade. Segundo o registro de Tácito, a reação de Sêneca ao ver o pranto de seus companheiros foi formular duas perguntas que em essência eram apenas uma: onde estava sua *filosofia* e o que havia sido feito da decisão de jamais se deixarem abater diante da iminência de qualquer desgraça.

Durante toda a sua vida, Sêneca enfrentou e testemunhou calamidades. Pompeia foi atingida por terremotos; Roma e Lugdunum foram devastadas pelas chamas; o povo de Roma e seu império foram subjugados por Nero e por seu predecessor, Calígula, ou "O Monstro", como Suetônio tão bem o apelidou, que, certa vez, exclamou enraivecido: "Gostaria que todos vocês, romanos, tivessem uma só cabeça!".

Também em sua vida pessoal, Sêneca sofreu perdas. Ele havia se preparado para uma carreira na política, mas aos vinte e poucos anos sucumbiu a uma suposta tuberculose, que se estendeu por seis anos e o fez vítima de uma depressão suicida. Seu ingresso tardio na vida política coincidiu com a ascensão de Calígula ao poder. Mesmo depois do assassinato do Monstro, em 41, sua situação permaneceu precária. Uma trama urdida pela imperatriz Messalina, na qual ele não teve qualquer participação, resultou em sua desgraça e em um exílio de oito anos na ilha de Córsega. Quando por fim foi requisitado em Roma, foi nomeado contra sua vontade para o cargo mais fatal da administração imperial: o de preceptor do filho de Agripina, Lúcio Domício Enobarbo, então com doze anos, que iria quinze anos depois ordenar que Sêneca cometesse suicídio na presença de sua esposa e de sua família.

Sêneca sabia por que fora capaz de suportar todos os contratempos:

> Devo minha vida à [filosofia], e essa é a menor de minhas obrigações de gratidão para com ela.

A experiência o levou a formar um repertório completo de frustrações; seu intelecto, a uma série de respostas a elas. Os anos dedicados à filosofia o haviam preparado para o dia fatídico em que o centurião de Nero bateu à sua porta.

Busto duplo de Sêneca e Sócrates

2

Um repertório seneciano de frustração

Introdução

Embora o terreno da frustração possa ser vasto – de um dedo do pé machucado à morte prematura –, no âmago de cada frustração repousa uma estrutura fundamental: o choque entre um desejo e uma realidade imutável.

Os choques têm início na mais tenra infância, com a descoberta de que as fontes de nossa satisfação estão além do nosso controle e que o mundo não se ajusta aos nossos desejos de forma confiável.

E, no entanto, para Sêneca, só atingimos a sabedoria plena quando aprendemos a não agravar a inflexibilidade do mundo com nossas reações, nossos ataques de raiva, autopiedade, ansiedade, amargura, hipocrisia e paranoia.

Uma única tese permeia toda sua obra: suportamos melhor as frustrações para as quais nos preparamos e que compreendemos e somos atingidos principalmente por aquelas que menos esperamos e que não conseguimos entender. A filosofia deve nos harmonizar com as reais dimensões da realidade, e dessa forma nos poupar, se não da própria frustração, da panóplia de emoções perniciosas que a acompanham.

Sua tarefa é nos preparar para que nossos desejos batam com a maior suavidade possível contra o muro inflexível da realidade.

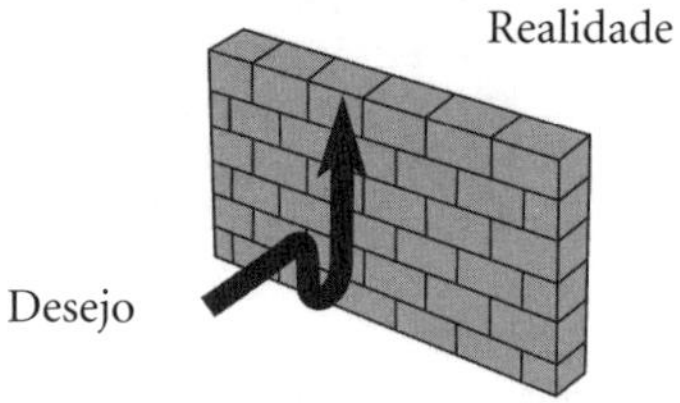

Raiva

A mais infantil das colisões. Não conseguimos encontrar o controle remoto ou as chaves, a estrada está engarrafada, o restaurante cheio – e nós batemos portas, destruímos plantas e esbravejamos.

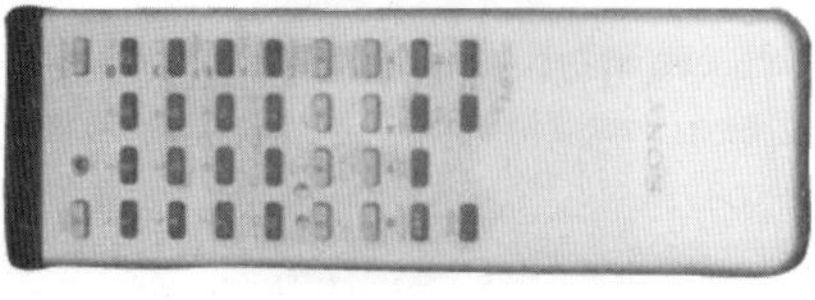

1. O filósofo considerava atitudes deste tipo uma espécie de loucura:

> Não existe caminho mais rápido para a insanidade. Muitas [pessoas irritadas] [...] atraem a morte para seus filhos, a pobreza para si e a ruína para seus lares, negando que estejam encolerizadas, da mesma forma que os loucos negam a própria insanidade. Inimigos de seus amigos mais chegados [...] indiferentes às leis [...] agem pela força [...] O maior de todos os males apodera-se deles, o mal que supera todos os vícios.

2. Em momentos mais calmos, o homem encolerizado retrata-se e explica que foi vencido por um sentimento mais forte que ele, ou seja, mais forte que a razão. "Ele", seu lado racional, não pretendia insultar ninguém e lamenta os impropérios; "ele" perdeu o controle para forças obscuras. É dessa forma que os raivosos apelam para uma concepção predominante da mente segundo a qual a faculdade de raciocínio, sede do verdadeiro eu, é descrita como ocasionalmente assaltada por sentimentos passionais pelas quais a razão, por não reconhecê-los, não pode ser considerada responsável.

Essa explicação opõe-se à visão que Sêneca tinha da mente, para quem a raiva não resulta de uma manifestação incontrolável de paixões e sim de um erro fundamental (e corrigível) de raciocínio. A razão nem sempre governa nossos atos, admitiu ele: se recebemos um jato de água fria, só nos resta tremer; se alguém estala os dedos diante de nossos olhos, somos forçados a piscar. Mas a ira não pertence à categoria de movimentos físicos involuntários; ela só pode ser deflagrada com o apoio de determinadas ideias racionalmente sustentadas: se pudermos mudar as *ideias*, mudaremos nossa propensão à ira.

3. E, na opinião de Sêneca, o que nos deixa irritados são os conceitos perigosamente otimistas sobre o mundo e as pessoas.

4. O grau de reação negativa diante da frustração é criticamente determinado pelo que consideramos normal. Podemos nos sentir frustrados porque está chovendo, mas nossa familiaridade com a chuva torna impossível que reajamos com raiva. Nossas frustrações são controladas pelo entendimento que temos do que se pode esperar do mundo, por nossa experiência do que é normal esperar. Não somos dominados pela ira sempre que nos é negado um objeto que desejamos, a menos que acreditemos que temos direito a ele. Nossos acessos de fúria mais violentos são desencadeados por acontecimentos que violam nossas noções das regras fundamentais da existência.

5. Com relação ao dinheiro, era comum levar-se uma vida bastante confortável na Roma antiga. Muitos amigos de Sêneca tinham amplas residências na capital e vilas no campo. Havia termas, jardins com colunatas, chafarizes, mosaicos, afrescos e sofás requintados. Havia séquitos de escravos para preparar as refeições, cuidar das crianças e manter os jardins.

6. No entanto, parecia haver um nível incomum de fúria entre os privilegiados. "A prosperidade favorece o mau

humor", escreveu Sêneca, depois de observar seus amigos abastados reclamarem à sua volta porque a vida não havia corrido conforme imaginavam.

Sêneca conhecia um homem rico chamado Védio Póllio, amigo do imperador Augusto, cujo escravo certa vez deixou cair uma bandeja com copos de cristal durante uma festa. Védio detestava o som de vidro se quebrando e ficou tão enfurecido que ordenou que o escravo fosse atirado em um fosso cheio de lampreias.

7. Acessos de fúria como esse sempre têm uma explicação. Védio Póllio ficou irritado por uma razão identificável: ele acreditava em um mundo no qual copos não se quebram em festas. Gritamos quando não conseguimos encontrar o controle remoto por causa de uma crença implícita em um mundo no qual controles remotos não se perdem. A fúria é causada por uma convicção, quase cômica em suas origens otimistas (por mais trágicas que sejam suas consequências), de que uma determinada frustração não consta do contrato da vida.

8. Devíamos ser mais cuidadosos. Sêneca tentou ajustar a escala de nossas expectativas de tal maneira que não precisemos vociferar tão alto quando elas são frustradas:

> *Quando o jantar atrasa alguns minutos:*
> Para que virar a mesa de pernas para o ar? Para espatifar os copos?

> Bater com a cabeça contra pilastras?
> *Quando um zumbido nos incomoda:*
> Por que uma mosca precisa deixar você furioso, se ninguém se deu ao trabalho de espantá-la, ou por que se irritar com um cachorro que atravessou seu caminho ou com uma chave que um empregado descuidado deixou cair?
> *Quando alguma coisa perturba a paz da sala de jantar:*
> Para que se levantar e pegar um chicote no meio da refeição apenas porque os escravos estão conversando?

Devemos nos reconciliar com a imperfectibilidade necessária da existência:

> É surpreendente que o iníquo cometa iniquidades, ou é inédito o fato de seu inimigo tentar prejudicá-lo ou seu amigo aborrecê-lo, ou seu filho cometer erros ou seu empregado se comportar mal?

Deixaremos de nos irritar tanto quando deixarmos de nutrir tantas esperanças.

Choque

Um avião da Swissair, com 229 pessoas a bordo, deixa Nova York com destino a Genebra para mais um voo regular. Cinquenta minutos depois de sair do aeroporto J.F.

Kennedy, enquanto as comissárias deslizam seus carrinhos pelos corredores do McDonald Douglas MD-11, o comandante comunica fumaça na cabine. Dez minutos depois, o avião não é mais captado pelo radar. O aparelho gigantesco, cujas asas medem 52 metros de comprimento, espatifa-se nas águas plácidas do Atlântico, perto de Halifax, na Nova Escócia, matando todos os passageiros e tripulantes. As equipes de resgate comentam sobre as dificuldades de se identificar o que foram, há apenas algumas horas, seres humanos com histórias de vida e planos para o futuro. Malas são encontradas boiando no mar.

1. Se não insistimos no risco de uma tragédia súbita e pagamos um preço por nossa inocência, é porque a realidade abrange duas características cruelmente nebulosas: de um lado, a continuidade e a confiabilidade subsistem através das gerações; de outro, há cataclismos imprevistos. Vemo-nos divididos entre um convite razoável para crer que amanhã será praticamente igual a hoje e a possibilidade de sermos surpreendidos por um acontecimento aterrador depois do qual nada será como antes. Como recebemos incentivos muito fortes para negligenciar a segunda característica, Sêneca invocou uma deusa.

2. Ela costumava ser encontrada no verso de muitas moedas romanas, segurando uma cornucópia em uma das mãos e um leme na outra. Era bonita, geralmente vestia uma túnica vaporosa e ostentava um sorriso recatado. Seu nome era Fortuna. Surgiu primeiramente como uma deusa da fertilidade, a primogênita de Júpiter, e era homenageada com um festival em 25 de maio e com templos por toda a Itália, sendo visitada por mulheres estéreis e fazendeiros em busca de chuva. Mas aos poucos seus poderes foram-se ampliando, e ela passou a ser associada ao dinheiro, à ascensão social, ao amor e à saúde. A cornucópia era um símbolo de seu poder de conceder favores; o leme, um símbolo de seu poder mais sinistro de mudar o destino. Ela era capaz de distribuir presentes e, em seguida, com rapidez assustadora, mudar a direção do leme, mantendo seu sorriso imperturbável, observando-nos morrer engasgados com uma espinha de peixe ou desaparecer em um deslizamento de terra.

3. Como somos atingidos principalmente pelo que não esperamos e como devemos estar à espera de tudo ("Nada existe que a Fortuna não ouse fazer"), devemos, segundo nos sugeriu Sêneca, ter sempre em mente a possibilidade de uma tragédia. Ninguém deve se aventurar em uma viagem de carro ou descer uma escada ou se despedir de um amigo sem uma consciência de possibilidades fatais, que Sêneca teria desejado que não fosse nem horripilante nem desnecessariamente dramática.

Nada deve ser inesperado para nós. Nossas mentes devem projetar-se no tempo para prever todos os problemas e devemos considerar não o que costuma acontecer, mas o que pode acontecer.

4. Como prova do pouco que é necessário para tudo se reduzir a nada, basta erguer os pulsos e observar por alguns instantes o sangue pulsar em nossas veias azuladas e frágeis:

> O que é o homem? Um receptáculo delicado que a mínima sacudidela, a mais leve queda pode quebrar [...] Um corpo débil e frágil, nu, em seu estado natural indefeso, dependente de ajuda alheia e exposto a todas as afrontas da Fortuna.

5. Lugdunum foi uma das mais prósperas colônias romanas da Gália. Na confluência dos rios Ródano e Arar, a cidade desfrutava de uma situação privilegiada por ser entroncamento de rotas de comércio e militares. Lá funcionava a casa da moeda, além de elegantes termas e teatros. Em agosto de 64, uma centelha escapou e transformou-se em um incêndio de grandes proporções que se alastrou pelas ruas estreitas, aterrorizando os habitantes, que subiam nas janelas mais altas de suas casas à medida que o fogo se aproximava. As labaredas consumiam as casas uma após a outra, e, quando amanheceu, nada mais restava de Lugdunum – dos bairros mais afastados ao mercado central, dos templos às termas, tudo foi redu-

zido a cinzas. Aos sobreviventes restaram apenas as vestes do corpo, cobertas de fuligem, suas nobres residências estando irreconhecíveis. As chamas consumiram a cidade numa velocidade maior do que a necessária para Roma tomar conhecimento da tragédia.

> Você diz: "Não pensei que isso fosse acontecer". Acha que existe alguma coisa que não irá acontecer, quando você sabe que é possível que ela aconteça, quando você vê que ela já aconteceu [...]?

6. No dia 5 de fevereiro de 62, uma catástrofe semelhante atingiu a província de Campânia. A terra tremeu, e grande parte de Pompeia foi destruída. Nos meses que se seguiram, muitos habitantes decidiram abandonar a Campânia e mudar-se para outros pontos da península. A mudança sugeriu a Sêneca que eles acreditavam que havia algum lugar neste mundo, na Ligúria ou na Calábria, onde estariam completamente a salvo, fora do alcance do arbítrio da Fortuna. Ele reagiu com um argumento que, apesar da dubiedade geológica, era convincente:

> Quem pode lhes garantir que este ou aquele solo é mais seguro? Todos os lugares apresentam condições idênticas e, se ainda não houve aqui ou ali um terremoto, pode haver algum tremor de terra. Talvez esta noite ou antes o local onde julgam estar em segurança se abra sob seus pés. Como saber se, doravante, a situação nesses lugares onde a Fortuna já esgotou suas forças será melhor ou se outros que ainda se mantêm de pé irão ruir? É um engano acreditar que qualquer parte deste mundo está livre de perigos [...] A natureza não criou nada que seja imutável.

7. Por ocasião da ascensão de Calígula ao trono, em uma casa romana, afastada das intricadas tramas políticas, uma mãe perdeu seu filho. Metílio estava prestes a completar 25 anos e era um jovem de futuro promissor. Ele e

sua mãe, Márcia, eram muito unidos, e sua morte a deixou excepcionalmente transtornada. Márcia afastou-se do convívio social e mergulhou em luto profundo. Seus amigos aguardavam com compaixão e esperança o dia em que ela readquiriria um pouco de serenidade. Ela não conseguiu. Um ano se passou, depois outro e mais um terceiro, e Márcia não parecia mais próxima de superar sua dor. Três anos haviam decorrido, e ela continuava tão chorosa quanto no dia do funeral. Sêneca enviou-lhe uma carta. Iniciou apresentando condolências sinceras, mas, com delicadeza, continuou: "O assunto que precisamos debater agora é se o sofrimento deve ser *profundo* ou *eterno*".

Márcia revoltava-se contra algo que parecia ser um acontecimento ao mesmo tempo terrível e raro. Para ela, o fato de tratar-se de algo raro o tornava mais terrível ainda. À sua volta, havia mães que tinham a companhia de seus filhos, jovens em início de carreira, prestando serviço militar ou assumindo cargos políticos. Por que justamente o seu filho lhe havia sido tirado?

8. A morte do rapaz representou um fato incomum e terrível, mas não foi – arriscou Sêneca – anormal. Se Márcia olhasse além de um pequeno círculo, encontraria uma lista assustadoramente longa de filhos mortos pela Fortuna. Otávia havia perdido seu filho, Lívia e Cornélia também; o mesmo havia acontecido com Xenofonte, Paulo, Lúcio Bibulo, Lúcio Sula, Augusto e Cipião. Ao deixar de considerar tantas mortes ocorridas no passado, Márcia havia, de uma maneira compreensível mas arriscada, negado a elas um lugar em sua concepção de normalidade:

> Nunca prevemos o infortúnio até que ele nos bate à porta [...] Tantos funerais passam diante de nossas casas, todavia nunca nos preocupamos com a morte. Tantas mortes

são prematuras e, no entanto, continuamos a fazer planos para as nossas crianças. Almejamos vê-las vestir a toga, servir ao exército, assumir os negócios paternos.

Espera-se que os filhos vivam, mas como é ingênuo acreditar na sobrevivência até sua maturidade estar garantida – ou mesmo até a hora do jantar:

> Nenhuma promessa lhe foi feita para esta noite – não, exagerei em minha sugestão –, nenhuma promessa lhe foi feita até mesmo para esta hora.

Existe uma inocência perigosa na expectativa de um futuro formulado com base na probabilidade. Qualquer acidente ao qual um ser humano está sujeito, por mais raro que seja, por mais distante no tempo, é uma possibilidade para a qual devemos estar preparados.

9. Porque os longos períodos de benevolência da Fortuna nos seduzem à apatia, Sêneca nos pede que dediquemos alguns minutos diários para nos lembrarmos de sua existência. Não sabemos o que acontecerá em seguida: devemos estar à espera de alguma coisa. Ao amanhecer, devemos realizar o que Sêneca denominou de *praemeditatio*, uma meditação antecipada de todos os sofrimentos da alma e do corpo aos quais a deusa pode vir a nos submeter.

UM PRAEMEDITATIO DE SÊNECA

> [Os sábios] iniciarão cada dia com o pensamento [...]
> Nenhuma dádiva da Fortuna nos pertence de fato.
> Nada, seja público ou privado, é estável; os destinos dos homens, assim como os das cidades, estão sujeitos a um turbilhão.
> Qualquer edificação que tenha levado longos anos para ser erguida, à custa de grande sacrifício e graças aos

préstimos dos deuses, pode dispersar-se ou desfazer-se em um único dia. Não, aquele que disse "um dia" exagerou, concedendo um prazo longo demais para um revés repentino: uma hora, um átimo, é o bastante para promover a queda de impérios.
Com que frequência cidades da Ásia, com que frequência cidades da Acaia foram destruídas por um único tremor de terra? Quantas aldeias na Síria, quantas na Macedônia foram engolidas? Quantas vezes devastações desse tipo deixaram o Chipre em ruínas?
Vivemos em meio a coisas que estão, sem qualquer exceção, destinadas a morrer.
Mortal você nasceu; mortais você dá à luz.
Não se surpreenda com nada, espere tudo.

10. Naturalmente, o mesmo poderia ser dito de outros modos. Em uma linguagem filosófica mais objetiva, se poderia afirmar que uma ação do sujeito é apenas um dos fatores causais que determinam os eventos no curso da vida desse sujeito. Sêneca, no entanto, preferiu recorrer à contínua hipérbole:

> Sempre que alguém cair a seu lado ou a suas costas, exclame em alto e bom som: "Fortuna, você não conseguirá me enganar, você não me apanhará desprevenido. Eu sei o que você está tramando. Não posso negar que você atingiu outra pessoa, mas era a mim que você havia tomado como alvo".

(No original, constata-se uma aliteração final mais inflamada:

> Quotiens aliquis ad latus aut pone tergum ceciderit, exclama:
> "Non decipies me, fortuna, nec securum aut neglegentem opprimes. Scio quid pares; alium quidem percussisti, sed me petisti.")

11. Se a maioria dos filósofos não julga necessário adotar esse estilo é porque, se um argumento é lógico, o estilo em que ele é apresentado ao leitor não irá determinar sua eficácia. Sêneca acreditava que a mente humana funcionava de outra maneira. Os argumentos são como enguias: por mais lógicos que sejam, podem deslizar e escapar ao fraco entendimento de um cérebro, a menos que sejam ali fixados pela imaginação retórica e pelo estilo. Necessitamos de metáforas para extrair a noção exata do que não pode ser visto ou tocado; caso contrário, esqueceremos.

Apesar de suas raízes religiosas e não filosóficas, a deusa Fortuna funcionava como uma imagem perfeita para que tivéssemos sempre em mente nossa constante exposição aos acidentes e, para maior tranquilidade, concentrássemos uma variedade de ameaças em um único inimigo terrível e antropomórfico.

Senso de injustiça

Uma sensação de que as regras da justiça foram violadas, regras que ditam que, se somos honestos e dignos, seremos recompensados e, se somos maus, seremos punidos – uma noção de justiça incutida nas crianças, desde a mais tenra idade, e encontrada em muitos textos religiosos, como, por exemplo, no Primeiro Livro dos Salmos, que explica que o homem bem-aventurado "será como a árvore plantada junto a ribeiros de águas[...] Tudo o que fizer prosperará. Não são assim ímpios; mas são como a moinha que o vento espalha".

Bondade → Recompensa
Maldade → Punição

Sempre que alguém age corretamente mas, ainda assim, sofre uma desgraça, instala-se em seu espírito um sentimento de incredulidade, vendo-se incapaz de adequar o aconteci-

mento a um esquema de justiça. O mundo lhe parece absurdo. A pessoa experimenta uma alternância de sentimentos: julga ser, ou ter sido, má e, portanto, foi punida; ou crê firmemente que é boa e, por conseguinte, deve ter sido vítima de um fracasso catastrófico na administração da justiça. A crença persistente de que o mundo é fundamentalmente justo está implícita na queixa de que houve uma injustiça.

1. A justiça não foi uma ideologia que ajudou Márcia.

2. Ela a forçou a oscilar entre a sensação debilitante de que seu filho Metílio lhe havia sido tirado porque ela era má e, em outros momentos, um sentimento de ultraje para com o mundo, segundo o qual o filho havia morrido apesar de ela ter sido sempre essencialmente boa.

3. Mas nós não podemos sempre explicar nosso destino com base em nosso valor moral; podemos ser amaldiçoados ou abençoados sem qualquer interferência da justiça. Nem tudo que acontece conosco tem ligação com alguma coisa *sobre* nós.

Metílio não morreu porque sua mãe era má, tampouco o mundo foi injusto porque sua mãe era boa, e,

apesar disso, ele morreu. Sua morte foi, na visão de Sêneca, obra da Fortuna, e a deusa não era o que se poderia chamar de um juiz da moral. Ela não avaliava suas vítimas como o deus de Davi e os recompensava segundo seu mérito. Ela infligia danos com a cegueira moral de um furacão.

4. Sêneca já havia sentido o ímpeto destrutivo de interpretar os fracassos segundo um modelo equivocado de justiça. Por ocasião da ascensão de Cláudio, no início de 41, ele tornou-se um joguete nas mãos da imperatriz Messalina, que havia armado um complô para livrar-se de Júlia Livila, irmã de Calígula. Júlia foi acusada de cometer adultério e Sêneca foi injustamente apontado como seu amante. De uma hora para outra ele se viu privado de sua família, de suas posses e de seus amigos, de sua reputação e sua carreira política, e desterrado para a Córsega, um dos locais mais ermos do vasto Império Romano.

Ele alternou períodos de autocensura e outros em que era tomado pela amargura. Muitas vezes reprovou a si mesmo por não ter interpretado corretamente o momento político em relação a Messalina e ressentiu-se do fato de sua lealdade e competência não terem merecido o reconhecimento de Cláudio.

A alternância de tais sentimentos era baseada em uma visão de um universo moral em que as circunstâncias externas refletiam qualidades internas. O alívio para suas aflições só foi possível quando ele lembrou-se da Fortuna:

> Não permito que ela [a Fortuna] me condene.

O fracasso político de Sêneca não devia ser interpretado como uma retribuição para seus pecados; não houve uma punição racional imposta após o exame das provas realizado por uma Providência onisciente em um tribunal divino; tratou-se de um subproduto cruel, mas moralmente insignificante, das maquinações de uma imperatriz rancorosa. Sêneca não estava apenas se distanciando da desonra. Como membro do Senado romano, ele não merecia a sorte que lhe foi imputada.

As intervenções da Fortuna, fossem elas gentis ou diabólicas, introduziram um elemento aleatório nos destinos humanos.

Ansiedade

Um estado de agitação motivado por uma situação problemática, para a qual, ao mesmo tempo, se deseja a melhor solução e se teme que o pior venha a acontecer. Em geral deixa os envolvidos desanimados e incapazes de encontrar prazer em atividades supostamente agradáveis, sejam elas culturais, sexuais ou sociais.

Mesmo quando podem desfrutar de cenários sublimes, os ansiosos continuarão preocupados por antever em seu íntimo a ruína e podem preferir que os deixem sozinhos em um quarto.

1. A forma tradicional de se consolar alguém é tentar tranquilizá-lo. Explica-se aos ansiosos que seus medos são exagerados, assegurando-lhes que os acontecimentos tomarão o rumo desejado.

2. Mas o encorajamento pode ser o mais cruel dos antídotos para a ansiedade. Nossas previsões otimistas deixam a vítima da ansiedade despreparada para o pior, e nós podemos, inadvertidamente, sugerir que, no caso de suceder o pior, as consequências serão desastrosas. Sêneca foi mais sábio ao nos pedir que considerássemos o fato de que as coisas ruins podem acontecer, mas acrescentou que é improvável serem tão ruins quanto tememos.

3. Em fevereiro de 63, Lucílio, amigo de Sêneca, que trabalhava como funcionário público na Sicília, foi citado em um processo e estava ameaçado de perder definitivamente o cargo e a reputação. Ele escreveu a Sêneca:

"Você, na certa, espera que eu o aconselhe a aguardar um resultado favorável e se deixe seduzir pela esperança", respondeu o filósofo, mas "vou conduzi-lo à paz de espírito por um outro caminho" – que culminou no seguinte conselho:

> Se você deseja acabar com todas as preocupações, parta do princípio de que aquilo que teme que possa acontecer certamente *irá* acontecer.

Sêneca tentou dizer ao amigo que, uma vez que encaramos racionalmente as consequências de um desejo não realizado, teremos grandes probabilidades de descobrir que os problemas fundamentais são mais modestos que as ansiedades que geraram. Lucílio tinha motivos para se deixar levar pela tristeza, mas não pela histeria:

> Se você perder este caso, que outra coisa mais grave pode lhe acontecer, além de ser exilado ou preso? [...] "Eu posso me tornar um homem pobre"; então, serei mais um entre muitos. "Posso ser exilado"; neste caso, passarei a me considerar um nativo do lugar para o qual fui mandado. "Podem me acorrentar em uma prisão." E daí? Estou livre de grilhões neste momento?

A prisão e o exílio eram situações ruins, mas – e esta era a base de sustentação da argumentação – não eram tão ruins quanto o desesperado Lucílio poderia ter temido antes de analisar cuidadosamente sua ansiedade.

4. Deduz-se, portanto, que os indivíduos abastados que temem perder suas fortunas não devem nunca ser tranquilizados com observações a respeito da improbabilidade de sua ruína. Eles devem passar alguns dias em um quarto frio e ser submetidos a uma dieta de sopa rala e pão dormido. Sêneca extraiu este conselho de um de seus filósofos favoritos:

> O grande mestre hedonista Epicuro costumava observar determinados períodos de privações, em que a avareza sobrepujava o desejo de satisfazer a fome, com o objetivo de verificar [...] se valia a pena empenhar-se em tirar algum proveito da escassez.

Sêneca garantia que os ricos logo chegariam a uma importante conclusão:

> "Esta é realmente a situação que eu temia tanto?" [...] Suporte [a pobreza] durante três ou quatro dias, ou mais [...] e eu lhe garanto [...] você irá compreender que a paz de espírito de um homem não depende da Fortuna.

5. Muitos romanos consideravam surpreendente, e até mesmo ridículo, descobrir que o filósofo que dava tais conselhos vivia em um luxo considerável. Quando contava quarenta e poucos anos, a carreira política de Sêneca já havia lhe permitido acumular dinheiro suficiente para adquirir vilas e fazendas. Ele desfrutava da boa mesa e adquirira um apego a móveis caros, especialmente mesas de cedro com pés de marfim.

Insinuações de que havia algo de pouco filosófico em seu comportamento o deixavam indignado:

> Parem de tentar impedir que os filósofos tenham dinheiro; ninguém condenou à pobreza a sabedoria.

E acrescentava com um pragmatismo comovente:

> Desprezarei tudo que pertença ao domínio da Fortuna, mas, se me for dado escolher, irei preferir a melhor parte.

6. Não se tratava de hipocrisia. O estoicismo não recomenda a pobreza; recomenda que nós não a temamos ou a desprezemos. A doutrina considera a riqueza, segundo uma formulação técnica, um *productum*, alguma coisa preferida – nem essencial, nem um crime. Os estoicos podem viver com as mesmas dádivas que a Fortuna concede aos tolos. Suas casas podem ser luxuosas e sua mobília bela. Apenas um único detalhe os qualifica como sábios: como reagem à pobreza súbita. Podem abandonar a casa e a criadagem sem ódio ou desespero.

7. Afirmar que o sábio deve estar preparado para abrir mão de *todas* as concessões da Fortuna sem se deixar perturbar constituía uma das excentricidades e radicalismo do estoicismo, visto que a divindade não nos concede apenas casas e dinheiro, mas também amigos, família e mesmo a nossa integridade física.

> O sábio não tem nada a perder. Tudo o que ele possui está investido nele mesmo.
> O sábio é autossuficiente [...] se ele perde uma das mãos devido a uma doença ou à guerra ou se algum acidente o privar de um dos olhos ou mesmo de ambos, ele se contentará com o que restar.

Para que tais afirmativas soem menos absurdas, é necessário investigar com mais atenção o que Sêneca queria dizer com o verbo "contentar-se". Não devemos ficar felizes em perder um olho, mas é possível continuar a viver se isso acontecer. O número ideal de olhos e mãos é um *productum.* Vejamos mais dois exemplos:

> O sábio não desprezará a si próprio se tiver a estatura de um anão, embora deseje ser alto.
> O sábio é autossuficiente no que se refere a *poder* viver sem a amizade de ninguém, mas isso não significa que ele *deseje* essa situação.

8. A sabedoria de Sêneca não se limitava apenas à teoria. Exilado na ilha de Córsega, ele se viu abruptamente privado de todos os luxos. Apesar de ser possessão romana desde 238 a.C., a ilha não gozava dos benefícios da civilização. Os poucos romanos que a habitavam haviam-se estabelecido em Aleria e Mariana, duas colônias na Costa Leste. Não era provável que Sêneca tivesse obtido permissão de fixar residência em qualquer uma delas, pois costumava queixar-se de ouvir apenas a "língua dos bárbaros" e estava associado a uma edificação assustadora

próxima a Luri, na parte setentrional da ilha, conhecida desde os tempos antigos como "a Torre de Sêneca".

As condições de vida na ilha deviam ter formado um doloroso contraste com a vida em Roma. Mas, em uma carta à sua mãe, o ex-estadista rico explicou que havia conseguido adaptar-se às circunstâncias graças a anos de meditação matinal e aos períodos de sopa rala:

> Nunca confiei na Fortuna, mesmo quando ela parecia estar oferecendo paz. Todas aquelas bênçãos que generosamente derramou sobre mim – riquezas, cargos, prestígio – releguei de tal maneira que ela pudesse retomá-las sem me causar aflições. Mantive sempre grande distância entre mim e seus favores. Ela apenas tirou-me o que havia concedido, portanto nada *arrancou* de mim.

Sensação de se estar sendo alvo de zombaria

(i) objetos inanimados

Quando um lápis rola da mesa e cai ou uma gaveta emperra e não abre, tem-se a impressão de que os objetos estão agindo para causar frustração em quem tenta utilizá-los. A frustração causada pelos objetos advém da desconfiança de que se é vítima de seu desprezo. Ao agirem dessa forma, tentam mostrar que não valorizam o status ou o talento dos quais aquele ser humano se orgulha e pelos quais é admirado.

(ii) seres vivos

Um sofrimento semelhante é despertado pela sensação de que outras pessoas tentam, em silêncio, ridicularizar nossa personalidade.

Depois de registrar-me em um hotel na Suécia, fui acompanhado até o quarto a mim destinado por um empregado que se ofereceu para carregar minha bagagem. "Está muito pesada para um homem como o senhor", disse ele com um sorriso nos lábios, enfatizando a palavra "homem" no in-

tuito de insinuar o oposto. Ele tinha cabelos de um louro nórdico (talvez se tratasse de um esquiador ou caçador de alces; numa época remota, deveria ter sido um guerreiro) e trazia um ar decidido. "Monsieur vai gostar muito do quarto", acrescentou. Não entendi bem o motivo de ele ter me chamado de "monsieur", sabendo que eu havia chegado de Londres, e o uso de "vai gostar" soou como uma ordem. A sugestão tornou-se totalmente incongruente, e evidenciou uma conspiração quando o quarto revelou o barulho do trânsito, uma televisão quebrada e um chuveiro com defeito. Situações como a descrita acima podem despertar a ira mesmo em pessoas tímidas e pacíficas, que podem subitamente desatar a gritar e cometer atos de crueldade – até assassinato.

1. Sempre que algo nos magoa, somos tentados a acreditar que o que nos magoou teve a intenção de fazê-lo. É tentador usar frases em que substituímos a conjunção aditiva "e" por "a fim de"; em vez de pensarmos que "o lápis caiu da mesa *e* agora estou aborrecido", concluímos que "o lápis caiu da mesa *a fim de* me aborrecer".

2. Sêneca colecionava exemplos desses sentimentos de perseguição por objetos inanimados. A obra do historiador grego Heródoto, intitulada *Histórias*, fornece um desses exemplos. Ciro, rei e fundador do grande Império Persa, tinha um belo cavalo branco que ele sempre montava em combate. Na primavera de 539 a.C., o rei Ciro declarou guerra aos assírios, na esperança de expandir seu território, e partiu com um exército para sua capital, Babilônia, às margens do rio Eufrates. As tropas avançavam sem problemas até atingirem as margens do rio Gyndes, que iniciava seu curso nas montanhas da Mantineia e desembocava no rio Tigre. Mesmo no verão, o Gyndes era conhecido como um rio perigoso. Naquela época do

ano suas águas estavam revoltas, escuras e, devido às tempestades de inverno, mais profundas. Os generais do rei aconselharam esperar, mas Ciro não se deixou intimidar e ordenou a travessia imediata. Enquanto as embarcações eram preparadas, o cavalo de Ciro escapuliu sem que ele percebesse e tentou nadar até a outra margem. A correnteza apanhou o animal, derrubando-o e arrastando-o rio abaixo para a morte.

Ciro ficou lívido. O rio havia ousado dar cabo de seu sagrado cavalo branco, o cavalo do guerreiro que havia derrubado Creso e aterrorizado os gregos. Ele vociferou, praguejou e, do alto de sua fúria, decidiu vingar-se do Gyndes por sua insolência. Jurou que puniria o rio, tornando-o tão insignificante que, no futuro, uma mulher seria capaz de atravessá-lo sem sequer molhar os joelhos.

Deixando de lado os planos de expansão de seu império, Ciro dividiu seu exército em duas partes, demarcou 180 pequenos canais em cada margem do rio em direções diferentes e ordenou que seus homens começassem a cavar. A obra durou todo o verão e os soldados, com o moral abalado, viram ruir toda a esperança de derrotar de imediato os assírios. Quando terminaram, o outrora caudaloso Gyndes estava dividido em 360 canais tão débeis que, boquiabertas, as mulheres do local conseguiam passar de um lado para o outro sem precisar erguer as saias. Com sua ira aplacada, o rei da Pérsia ordenou que as exauridas tropas retomassem a marcha até a Babilônia.

3. Sêneca também reunia exemplos semelhantes de sentimentos de perseguição provocados por seres vivos. Um desses exemplos dizia respeito a Gnaeus Piso, governador romano da Síria, um general corajoso mas um espírito atribulado. Quando um soldado retornou de um período de licença sem o amigo que o havia acompanhado e afirmou que não fazia ideia de onde ele poderia estar, Piso

julgou que o soldado estava mentindo; ele havia matado o amigo e teria de pagar com sua própria vida.

O condenado jurou que não havia assassinado ninguém e implorou que fosse aberto um inquérito, mas Piso não acreditou e ordenou que o soldado fosse escoltado para sua execução sem demora.

No momento em que o centurião incumbido da execução preparava-se para decepar a cabeça do soldado, o amigo desaparecido surgiu na entrada do acampamento militar. A tropa irrompeu em um aplauso espontâneo e, aliviado, o centurião suspendeu a execução.

Piso não recebeu a novidade com o mesmo entusiasmo. Ele interpretou os gritos de euforia como uma demonstração de deboche diante do seu julgamento. O sangue subiu-lhe à cabeça e sua fúria era tanta que ele chamou os guardas e ordenou a execução de ambos, ou seja, do soldado que não havia assassinado ninguém e daquele que não havia sido assassinado. E, porque àquela altura se sentia muito perseguido, o general, por medida de precaução, exigiu que o centurião também fosse executado.

4. O governador da Síria interpretou os aplausos de seus soldados como um desejo de minar sua autoridade e questionar sua capacidade de julgamento. Ciro também havia interpretado as águas turbulentas de um rio como assassinas de seu cavalo.

Sêneca tinha uma explicação para erros de julgamento: eles repousavam sobre uma "certa mesquinhez de espírito" em homens como Ciro e Piso. A presteza com que anteviam um insulto escondia um temor do ridículo. Quando suspeitamos ser alvos ideais de ofensas, nos apressamos em acreditar que alguém, ou alguma coisa, está sempre a postos para nos ferir:

> "Aquele não me recebeu hoje, mas deu atenção a outras pessoas"; "ele me contradisse com arrogância ou riu abertamente sempre que tentei expor um ponto de vista"; "ele me fez sentar ao pé da mesa, em vez de me ceder o lugar de honra."

Esses podem ser motivos inocentes. Ele não me recebeu hoje porque prefere conversar comigo na semana que vem. Tive a impressão de que ele estava rindo de mim, mas, na verdade, era um tique nervoso. Não são essas as primeiras explicações que nos ocorrem quando somos mesquinhos de espírito.

5. Portanto, devemos nos empenhar em erguer um muro em volta de nossas impressões iniciais e nos recusar a agir com base em seu julgamento precipitado. Devemos nos perguntar se a pessoa que ainda não respondeu a uma carta que lhe enviamos está necessariamente sendo tão morosa no intuito de nos aborrecer e se as chaves que sumiram foram necessariamente roubadas:

> [O sábio não] atribui a cada acontecimento interpretações errôneas.

6. E a razão pela qual o homem sábio não adota esse tipo de comportamento foi explicada de maneira indireta por Sêneca em uma carta enviada a Lucílio, no mesmo dia em que leu por acaso uma frase em um dos livros do filósofo Hecato:

> Eu lhe direi o que me agradou hoje [em seus escritos]; veja o seguinte trecho: "Que progressos, você me pergunta, já consegui? *Comecei a ser amigo de mim mesmo*". Isso foi de fato um grande benefício [...] esteja certo de que esse homem é amigo de toda a humanidade.

7. Existe um método fácil para medir o nível de mesquinhez ou benevolência com relação a si mesmo: refletir sobre como reagimos ao barulho. Sêneca morava perto de um ginásio. As paredes eram finas e a balbúrdia era constante. Ele descreveu o problema para Lucílio:

> Imagine que variedade de barulhos reverbera em meus ouvidos! [...] Por exemplo, quando um determinado cavalheiro está muito empenhado em exercitar-se e começa a levantar pesos, ele precisa executar, ou fingir que executa, um grande esforço. Eu, então, o ouço grunhir; em seguida, na tentativa de recuperar o fôlego, ele começa a resfolegar e deixa escapar sibilos agudos. Quando minha atenção se volta para um outro sujeito menos ativo, que se contenta com uma massagem comum e barata, posso ouvir o som abafado da mão de alguém, que lhe dá socos nos ombros [...] Acrescente-se a isto a prisão ocasional de um baderneiro ou um punguista diante da minha porta. Ou então, a algazarra de um vizinho que aprecia o som da própria voz no banheiro [...] ou a barulheira infernal dos vendedores ambulantes, como o homem que oferece salsichas ou o confeiteiro, o vendedor de panquecas com seus gritos variados e quantos mais que percorrem as ruas apregoando suas mercadorias em altos brados.

8. Aquele que não é benevolente consigo próprio encontra grande dificuldade em imaginar que o vendedor de panquecas está gritando *para vender panquecas.* O operário que está trabalhando no andar térreo de um hotel em Roma (1) talvez esteja fingindo consertar a parede, mas sua intenção real é irritar o homem que tenta ler um livro em um quarto de um dos andares mais altos (2).

Interpretação mesquinha: o operário está dando golpes de martelo na parede *para* me incomodar.

Interpretação benevolente: o operário está dando golpes de martelo na parede *e* eu estou incomodado.

9. Para nos acalmarmos em uma rua movimentada, devemos acreditar que as pessoas que provocam barulhos nada sabem a nosso respeito. Devemos erguer uma barreira entre o barulho exterior e a sensação interior de que somos merecedores de punições. Não devemos transportar interpretações pessimistas das motivações alheias para cenários onde não há lugar para elas. A partir daí, o barulho jamais será agradável, mas ele não precisa nos enfurecer tanto:

> Deixemos o caos reinar por toda parte, desde que não perturbe nosso equilíbrio interior.

3

Naturalmente, haveria poucas realizações humanas se aceitássemos todas as frustrações. A força motriz de nossa engenhosidade está na pergunta "É necessário que seja assim?", que gera reformas políticas, desenvolvimento científico, melhoria dos relacionamentos e melhores livros. Os romanos eram mestres na arte de rechaçar a frustração. Odiavam o frio do inverno e desenvolveram um sistema de calefação sob os assoalhos. Como não desejavam caminhar por estradas lamacentas, decidiram pavimentá-las. Em meados do século I d.C., os habitantes romanos de Nîmes, na Provença, chegaram à conclusão de que necessitavam de mais água para a cidade do que a natureza se encarregava de fornecer; por conseguinte, despenderam 100 milhões de sestércios para construir um símbolo extraordinário da resistência humana ao status quo. Ao norte de Nîmes, perto de Uzès, os engenheiros

romanos encontraram uma nascente cuja abundância era suficiente para irrigar as termas e chafarizes da cidade e planejaram o desvio de pouco mais de oitenta quilômetros através de montanhas e vales em um sistema de aquedutos e tubulações subterrâneas. Ao se depararem com a garganta do rio Gard, não se deixaram abater com tal obstáculo natural e erigiram um gigantesco aqueduto com três ordens de arcadas superpostas, 360 metros de comprimento e 48 metros de altura, capaz de canalizar e conduzir 35 mil metros cúbicos de água por dia. Assim, os habitantes de Nîmes nunca mais seriam obrigados a sofrer as frustrações de um banho em águas rasas.

Infelizmente é difícil reter as faculdades mentais que buscam incessantemente alternativas. Elas continuam a promover mudanças e trazer progressos, mesmo quando não existem esperanças de se alterar a realidade. Para gerar a energia que nos impele a agir, somos lembrados por choques de desconforto – ansiedade, dor, ultraje, ofensa – de que a realidade não é como desejamos que ela fosse. No entanto, esses choques não teriam propósito se não obtivéssemos melhores efeitos, se perdêssemos nossa paz de espírito e não conseguíssemos desviar o curso dos rios; segundo Sêneca, é por esse motivo que a sabedoria está em distinguir corretamente as situações em que estamos livres para moldar a realidade de acordo com nossos desejos daquelas que nos obrigam a aceitar o imutável com tranquilidade.

Os estoicos lançavam mão de uma outra imagem para evocar nossa condição de criaturas fortuitamente capazes de efetuar mudanças, apesar de sujeitas às necessidades externas. Somos como cães amarrados a uma carroça que, a qualquer instante, pode se colocar em movimento. O comprimento da nossa trela é suficiente para nos permitir uma certa liberdade de movimento, mas não nos concede a autonomia necessária para vagarmos a nosso bel-prazer.

A metáfora foi formulada pelos filósofos estoicos Zenão de Cício e Crisipo e relatada pelo sacerdote romano Hipólito:

> Quando um cão atrelado a uma carroça quer acompanhá-la, ele é puxado por ela e avança, fazendo com que seu gesto espontâneo coincida com a necessidade. Mas, se o cão decidir não se mexer, o movimento da carroça o obrigará a segui-la de qualquer maneira. O mesmo acontece com os homens: mesmo que não queiram, eles são forçados a obedecer o que o destino lhes reservou.

Naturalmente, um cão supõe que é livre para ir onde bem entender. Mas, como sugere a metáfora de Zenão e Crisipo, se seus movimentos estão tolhidos é melhor trotar para acompanhar a carroça do que ser arrastado e estrangulado por ela. Embora o primeiro impulso do animal talvez seja o de lutar contra a guinada repentina do veículo que o obriga a tomar uma direção imprevista, seu sofrimento só dura enquanto durar sua resistência.

Assim Sêneca se posicionou sobre o assunto:

> Ao lutar contra o laço, o animal o aperta mais [...] qualquer cabresto apertado irá machucar menos o animal se ele se mover *com* ele do que se lutar *contra* ele. Somente

a capacidade de resistência e a submissão à necessidade proporcionam o alívio para o que é esmagador.

Para reduzir a violência de nossa insubordinação contra acontecimentos que tomam rumos opostos aos que desejávamos, devemos refletir que também nós temos sempre um cabresto em volta do pescoço. O sábio aprenderá a identificar de imediato o que é necessário e o seguirá, em vez de deixar-se exaurir em protesto. Quando um homem sábio é informado de que sua mala se perdeu em trânsito, ele precisará de poucos segundos para resignar-se. Sêneca relatou de que forma o fundador do estoicismo se comportou quando soube que havia perdido todos os seus pertences:

> Ao ser avisado sobre um naufrágio e ser alertado para o fato de que sua bagagem havia afundado, Zenão comentou: "A Fortuna me desafia a ser um filósofo menos sobrecarregado".

Isso pode soar como uma receita para a passividade e a placidez, um incentivo à resignação diante de frustrações que poderiam ter sido vencidas. Pode nos levar a um desânimo tal que nos impeça de construir até mesmo um aqueduto de proporções diminutas, como o de Bornègre, em um vale a poucos quilômetros ao norte da Pont du Gard, de modestos dezessete metros de comprimento e quatro metros de altura.

Mas a argumentação de Sêneca é mais sutil. Existe o mesmo grau de irracionalidade em se aceitar como necessário algo que não é necessário e em se rebelar contra algo que é necessário. Podemos, com a mesma facilidade, cometer o mesmo erro ao aceitarmos o desnecessário e negarmos o possível, e negarmos o necessário e desejarmos o impossível. Cabe à capacidade de raciocínio estabelecer a distinção.

Ainda que possam existir semelhanças entre nós e um cão atrelado, nós temos uma vantagem crucial: podemos raciocinar, e o cão, não. O animal sequer percebe de imediato que foi amarrado a uma trela e nem entende a relação entre as guinadas da carroça e a dor que sente no pescoço. Ele se sentirá confuso com as mudanças de direção e será difícil para ele calcular a trajetória da carroça, portanto sofrerá puxões constantes e dolorosos. Mas a razão nos capacita a teorizar com precisão sobre a rota de nossa carroça, e isso nos oferece uma oportunidade, única entre os seres vivos, de aumentar nosso senso de liberdade ao assegurar uma boa folga entre nós e a necessidade. A razão nos permite determinar quando nossos desejos estão em conflito irrevogável com a realidade e nos desafia a não sentir revolta ou amargura, e sim a nos submetermos de bom grado às necessidades. Talvez sejamos impotentes para alterar determinados acontecimentos, mas permanecemos livres para escolher que atitude tomar em relação a eles, e em nossa aceitação espontânea da necessidade encontramos uma liberdade característica.

Em fevereiro de 62, Sêneca teve de enfrentar uma realidade imutável. Nero deixou de ouvir os conselhos de seu antigo tutor, esquivou-se de sua companhia, incentivou calúnias a seu respeito no tribunal e designou Ofônio Tigellino, um oficial pretoriano sanguinário, para ajudá-lo a satisfazer uma vocação para o homicídio gratuito e para a crueldade sexual. Virgens eram escolhidas nas ruas de Roma e levadas aos aposentos do imperador. As esposas dos senadores eram forçadas a participar de orgias e a presenciar o assassinato de seus maridos. Nero perambulava pela cidade durante a madrugada e, disfarçado de cidadão comum, cortava a garganta de transeuntes que cruzavam com ele em becos afastados. Certa vez, cismou que um jovem por quem se apaixonara deveria ter nascido mulher e decidiu castrá-lo; em seguida, obrigou-o a unir-se a ele em uma cerimônia de casamento simulada. Os romanos comentaram à boca pequena que a vida teria sido muito mais tolerável se Domício, o pai de Nero, tivesse se casado com uma mulher daquele tipo. Percebendo que estava correndo um grande perigo, Sêneca tentou retirar-se da corte e refugiar-se em sua vila nos arredores de Roma. Por duas vezes apresentou sua demissão; por duas vezes Nero a recusou, abraçando-o com força e jurando que preferia morrer a fazer algum mal a seu querido tutor. A experiência de Sêneca não lhe permitia acreditar em tais promessas.

Voltou-se para a filosofia. Não podia escapar das garras de Nero, e a razão requisitava dele que aceitasse o que não podia ser mudado. Durante o que podem ter sido intoleráveis anos de angústia, Sêneca devotou-se ao estudo da natureza. O filósofo começou a escrever um livro sobre a Terra e os planetas. Ele admirava a imensidão do céu e as constelações no firmamento, estudava os oceanos e as montanhas. Observava o relâmpago e especulava a respeito de sua origem:

> Um raio é o fogo que foi comprimido e arremessado com violência. Às vezes reunimos nas palmas das mãos em concha um pouco de água. Se pressionarmos uma palma contra a outra, a água esguichará, como se tivéssemos utilizado uma bomba. Imaginemos que algo semelhante ocorra nas nuvens. O espaço constrito das nuvens densas força a saída do ar que ali existe. É essa pressão que o faz incendiar-se e ser arremessado para longe, como se sofresse a ação de uma catapulta.

Depois de refletir sobre os terremotos, concluiu que eram o resultado do aprisionamento do ar nas entranhas da Terra, que buscava uma válvula de escape, como uma forma de flatulência geológica:

> Entre as teorias que provam que o ar em movimento é o responsável pela ocorrência de terremotos, não se deve hesitar em ressaltar a seguinte: quando um tremor de grandes proporções esgotou toda a sua fúria contra as cidades e os países, não há possibilidade de sobrevir outro igual. Depois do choque maior, ocorrem apenas tremores suaves, porque o primeiro deles, ao atuar com maior veemência, abriu uma saída para o ar que lutava pela liberdade.

Pouco importava se as teorias científicas de Sêneca eram erradas; digno de nota era o fato de um homem, cuja vida estava na iminência de ser abreviada pelo capricho de um imperador homicida, ter encontrado um alívio imenso no espetáculo da natureza – talvez porque a pujança dos fenômenos naturais nos recorde de tudo o que somos impotentes para mudar e tudo o que devemos aceitar. Geleiras, vulcões, terremotos e furacões figuram como símbolos impressionantes da superioridade. No mundo humano aprendemos desde cedo a acreditar que somos sempre capazes de alterar nosso destino e pautamos nossas esperanças e preocupações de acordo com essa suposição. O marulho indiferente das ondas dos mares ou a rápida trajetória dos cometas que riscam a escuridão dos céus são provas cabais de que há forças totalmente indiferentes aos nossos desejos. A indiferença não existe apenas na natureza; o homem pode igualmente exercer um poder irracional sobre seu semelhante, mas é a natureza que nos fornece a lição mais elegante sobre as necessidades às quais estamos sujeitos:

> O inverno faz cair a temperatura, e somos forçados a tremer de frio. O verão traz de volta o calor, que nos obriga a suar. Mudanças bruscas de tempo interferem em nossa saúde e nos deixam adoentados; em determinados lugares, podemos nos deparar com feras perigosas ou com homens que são mais destrutivos do que as feras [...] E não podemos alterar esta ordem das coisas [...] é a essa lei [da natureza] que nosso espírito deve ajustar-se e acompanhar, é a ela que ele deve obedecer [...] O que não pode ser modificado precisa ser suportado.

Sêneca iniciou sua obra sobre a natureza assim que apresentou a Nero seu primeiro pedido de demissão. Durante três anos teve tal privilégio. Então, em abril de 65, a trama de Piso para destronar Nero foi descoberta, e um centurião foi enviado à residência do filósofo. Ele estava preparado. Paulina, com o seio desnudo, e sua criadagem devem ter caído em prantos; Sêneca, no entanto, havia aprendido a seguir o andar da carruagem e cortou os pulsos sem protestar. Como havia tentado abrir os olhos de Márcia, por ocasião da perda de seu filho Metílio:

> De que adianta lamentar as ciladas da vida?
> Toda ela é feita de aflições.

IV

Consolação para a inadequação

1

Depois de séculos de descaso, às vezes de hostilidade, depois de ter sido dispersada e queimada e ter sobrevivido de forma parcial nas câmaras e bibliotecas de mosteiros, a cultura greco-romana da Antiguidade recuperou seu prestígio no século XVI. Entre as elites intelectuais da Europa, formou-se um consenso de que a nata de um pensamento ímpar havia brotado das mentes de um punhado de homens geniais originários das cidades-Estado da Grécia e da península italiana no período entre a construção do Partenon e o saque de Roma e de que ser culto significava a necessidade impiedosa de adquirir total familiaridade com a riqueza dessas obras. Começaram a surgir novas edições da produção de homens como Platão, Lucrécio, Sêneca, Aristóteles, Catulo, Longino e Cícero, entre outros, e de coletâneas de clássicos, que logo se espalharam pelas bibliotecas europeias: *Apotegmas* e *Adágios*, de Erasmo; *Máximas*, de Estobeu; *Epístolas familiares*, de Antonio de Guevara; e *De honesta disciplina*, de Petrus Crinitus.

No sudoeste da França, no cume de uma colina arborizada, cerca de cinquenta quilômetros a leste de Bordeaux, situava-se um castelo de pedras amarelas e telhado vermelho-escuro.

Tratava-se da residência de um nobre de meia-idade, sua esposa, Françoise, a filha, Léonor, a criadagem e animais (galinhas, cabras, cães e cavalos). Com o lucro obtido do ramo pesqueiro, o avô de Michel de Montaigne havia adquirido a propriedade em 1477. Mais tarde,

seu pai acrescentou algumas alas ao castelo e expandiu sua área de cultivo, que passou aos cuidados de Montaigne quando ele contava 35 anos, embora ele demonstrasse pouco interesse pela administração dos negócios de família e não entendesse praticamente nada de agricultura ("Mal consigo distinguir meus repolhos de minhas alfaces").

Montaigne preferia passar seu tempo em uma biblioteca circular no terceiro andar de uma das torres laterais do castelo: "É entre estas paredes arredondadas que passo grande parte de meus dias e um grande número de horas a cada dia".

Na biblioteca havia três janelas dando para o que Montaigne descreveu como "uma vista esplêndida e desimpedida", uma escrivaninha, uma cadeira e uma estante semicircular, que abrigava em suas prateleiras cerca de

mil volumes de filosofia, história, poesia e religião. Foi ali que ele leu o inalterável discurso de Sócrates (em sua opinião, "o homem mais sábio que já existiu"), dirigido ao júri impaciente de Atenas, na edição em latim traduzida por Marsilio Ficino; ali ele leu a visão da felicidade de Epicuro, reproduzida por Diógenes Laércio na obra *Vidas*, doutrinas e sentenças dos filósofos ilustres, e por Lucrécio, em *Sobre a natureza das coisas* (*De Rerum Natura*), editadas por Denys Lambin em 1563; e foi ali também que ele leu e releu Sêneca ("um autor que se ajusta de maneira surpreendente à minha disposição de espírito"), em uma nova coletânea de suas obras, publicada na Basileia em 1557.

Seus primeiros contatos com os clássicos datam da infância. Montaigne foi alfabetizado em latim. Por volta dos sete ou oito anos, ele já havia lido *As metamorfoses*, de Ovídio. Antes dos dezesseis, adquiriu a obra de Virgílio e passou a dominar a *Eneida* e a conhecer bem Terêncio, Plauto e os *Comentários*, de César. Sua devoção aos livros era tamanha que, depois de trabalhar como conselheiro no Parlamento de Bordeaux durante treze anos, demitiu-se do cargo com o firme propósito de dedicar-se inteiramente a eles. Ler era o refrigério de sua vida:

> A leitura me consola em minhas horas de recolhimento; ela me alivia do peso de uma ociosidade penosa e, a qualquer instante, é capaz de livrar-me de companhias maçantes. Ela entorpece dores que podem se tornar dilacerantes. Para me distanciar de pensamentos soturnos, simplesmente necessito recorrer aos livros.

Mas, apesar de funcionarem como prova de uma admiração ilimitada pela atividade intelectual, as estantes da biblioteca não nos contam toda a história. Deve-se passar os olhos pela biblioteca com mais atenção, parar no centro do recinto e erguer a cabeça em direção ao teto: em meados de 1570, Montaigne havia reunido uma coleção de 57 pequenos dizeres selecionados da Bíblia e dos clássicos, que foram pintados em ripas de madeira pregadas horizontalmente na base de cada uma das prateleiras mais altas, e isso sugeria que ele alimentava algumas reservas profundas sobre os benefícios da erudição:

> Viver feliz é não pensar em nada. – Sófocles
> Tens visto um homem precipitado nas suas palavras? Maior esperança há para o tolo do que para ele. – Provérbios
> Não há nada mais certo do que a incerteza, nada mais miserável e mais orgulhoso do que o homem. – Plínio
> Ainda que diga o sábio que a virá a conhecer, nem por isso a poderá alcançar. – Eclesiastes

Os filósofos da Antiguidade acreditavam que a nossa capacidade de raciocínio podia nos garantir uma felicidade e uma grandeza de espírito negadas a outras criaturas. A razão nos permitia controlar nossas paixões e corrigir os conceitos equivocados induzidos por nossos instintos. A razão abrandava as exigências da carne e nos conduzia a uma relação equilibrada com nossos apetites por comida e sexo. A razão era um instrumento sofisticado, quase divino, que nos oferecia uma supremacia sobre o mundo e sobre nós próprios.

Em *Controvérsias tusculanas*, obra da qual havia uma cópia na biblioteca de Montaigne, Cícero não poupou elogios aos benefícios da atividade intelectual:

> Não existe nada mais agradável do que a erudição; é por seu intermédio que nós, durante nossa existência neste mundo, aprendemos sobre a infinidade da matéria, conhecemos o imenso esplendor da Natureza, do céu, da terra e do mar. A cultura nos ensina a piedade, a moderação e a grandeza de espírito; ela liberta nossa alma das trevas e lhe aponta todas as coisas, de todas as categorias, grandes ou pequenas, as principais e as menos importantes e tudo o que possa existir entre elas; a cultura nos dá acesso a uma vida agradável e feliz; ela nos ensina como viver sem dissabores e aflições.

Embora Montaigne tivesse mil livros e houvesse se beneficiado de uma educação esmerada, essa apologia o enfureceu tanto, por ser tão contrária ao espírito das citações das ripas da biblioteca, que ele expressou sua indignação:

> O homem é uma criatura vil [...] ouçam-no jactar-se [...] Não é que este indivíduo está descrevendo as qualidades do eterno e Todo-Poderoso Deus? Na prática, milhares de mulheres humildes que vivem nas aldeias levam uma vida mais tranquila, mais equânime e leal do que ele [Cícero] levou.

O filósofo romano não havia levado em consideração o fato de que a maioria das pessoas eruditas era profundamente infeliz; com arrogância, havia ignorado que os seres humanos, entre todas as outras criaturas, foram eleitos como vítimas de sofrimentos aterradores – sofrimentos que, nos momentos de grande aflição, nos fazem lamentar não termos vindo ao mundo como formigas ou tartarugas.

Ou cabras. Deparei-me com uma no pasto de uma fazenda, a poucos quilômetros do castelo de Montaigne, no povoado de Les Gauchers.

Ela nunca leu as *Controvérsias tusculanas*, de Cícero, ou *Sobre as leis*, do mesmo autor. No entanto, parecia satisfeita, mordiscando aqui e ali algumas folhas de alface e, de vez em quando, sacudindo a cabeça como uma idosa a expressar em silêncio sua discordância. Não era uma existência invejável.

O próprio Montaigne deixou-se impressionar com o tipo de vida que os animais levavam e discorreu sobre o assunto, enumerando as vantagens de se viver como um animal em vez de um ser humano dotado de raciocínio e de uma vasta biblioteca. Os animais sabiam instintivamente como resolver seus problemas de saúde: as cabras conseguiam distinguir, em meio a uma infinidade de plantas, aquela cujas propriedades medicinais livravam-nas de um ferimento; as tartarugas saíam em busca do orégano quando eram mordidas por víboras, e as cegonhas sabiam aplicar em si mesmas enemas de água salgada. Por outro lado, os seres humanos viam-se obrigados a recorrer a médicos caros e incompetentes, cujas caixas de remédios viviam abarrotadas de receitas absurdas: "a urina de um lagarto, o excremento de um elefante, o fígado de uma toupeira, sangue extraído da asa direita de um pombo branco, e, para aqueles que sofriam de cólicas espasmódicas, nada melhor do que as fezes trituradas de um rato".

O instinto animal possibilitava também o entendimento de ideias complexas sem o sofrimento de longos períodos de estudo. Os atuns eram peritos espontâneos em astrologia. "Ao serem surpreendidos pelo solstício de inverno, eles permanecem onde estão, seja onde for, até o equinócio seguinte", relatou Montaigne. Eles também entendiam de geometria e aritmética, pois costumavam nadar em grupo, formando um cubo perfeito: "Basta contar uma fileira para se obter a cifra do cardume, já que o mesmo número se aplica à sua profundidade, largura e comprimento". Os cães tinham uma compreensão inata da lógica dialética. Montaigne deu o exemplo de um cão que, procurado por seu dono, ao ver-se em uma estrada que apresentava três atalhos, perscrutou os dois primeiros e decidiu-se pelo terceiro, concluindo que era o que seu dono havia escolhido para seguir:

> Eis um exemplo de pura dialética: o cão lançou mão de proposições disjuntivas e copulativas e excluiu alternativas improváveis. Importa investigar se ele aprendeu tudo isso sozinho ou se leu a *Dialética*, de George de Trebizond?

Também no amor os animais eram capazes de obter vantagens. Montaigne leu com inveja a respeito de um elefante que havia se apaixonado por uma florista em um mercado de Alexandria. Ao ser conduzido pelo local, ele descobriu um jeito de introduzir a tromba enrugada no decote da moça e massagear-lhe os seios com uma destreza incomum a qualquer ser humano.

E, mesmo sem esforço, o mais insignificante dos animais domésticos era capaz de sobrepujar o desprendimento filosófico do mais sábio entre os sábios da Antiguidade. Certa vez, o filósofo grego Pirro encontrava-se em um navio atingido por uma tempestade violenta. Todos os passageiros à sua volta começaram a entrar em pânico, temerosos de que as ondas gigantescas acabassem destruindo a frágil embarcação. Mas havia um passageiro que não perdeu a compostura e permaneceu quieto em um canto, ostentando uma expressão tranquila. Tratava-se de um porco:

> Seria muito atrevimento concluir que o benefício da razão (que tanto louvamos e, pelo fato de a possuirmos, nos consideramos amos e senhores de toda a criação) nos foi concedido para o nosso próprio tormento? Qual é a serventia do conhecimento se, por causa dele, perdemos a calma e a paz que, certamente, desfrutaríamos se não o tivéssemos, e se ele torna nossa condição pior que a do porco de Pirro?

Era também questionável se a inteligência nos concede qualquer coisa pela qual deveríamos ser gratos:

> Fomos dotados de inconstância, hesitação, dúvida, sofrimento e superstição. Abrigamos em nosso íntimo preocupações com o futuro (mesmo depois de mortos), ambição, ganância, ciúme, inveja, desejos insanos e incontroláveis. A guerra, as mentiras, a infidelidade, a calúnia e a curiosidade nos atraem. Sentimos orgulho de nossa eloquência, de nosso suposto senso de justiça e de nossa capacidade de raciocinar, aprender e julgar. No entanto, o preço de tudo isso é estranhamente excessivo.

Se lhe tivesse sido dado escolher, seria muito pouco provável que Montaigne, afinal de contas, optasse por viver como uma cabra – se fosse possível. Cícero havia apresentado o benevolente quadro da razão. Dezesseis séculos depois, coube a Montaigne apresentar argumentos contrários:

> Constatar que acabamos de dizer ou fazer algo estúpido não é nada; devemos aprender uma lição mais importante e de caráter mais amplo: *não passamos de meros imbecis.*

– entre estes imbecis estavam filósofos como Cícero, que nunca havia cogitado receber semelhante título. A confiança equivocada no poder da razão era a fonte da imbecilidade – e, indiretamente, também da inadequação.

Com suas tabuletas pintadas, Montaigne já havia delineado um topo de filosofia que reconhecia o quanto todos nós estávamos muito longe de sermos as criaturas racionais e serenas que a grande maioria dos pensadores da Antiguidade acreditara que fôssemos. Éramos quase sempre histéricos e demenciados, inquietos e vulgares; comparados conosco os animais eram, em muitos aspectos, modelos de sanidade e virtude – uma triste realidade sobre a qual a filosofia via-se obrigada a refletir, apesar de raramente o fazer:

> Uma parte da nossa vida consiste em insanidade e a outra em sabedoria. Aquele que aborda este assunto com respeito e formalidade omite mais da metade do que é relevante.

E, no entanto, se aceitássemos nossas fraquezas e deixássemos de reivindicar uma supremacia que não temos, estaríamos aptos a concluir – segundo a filosofia generosa e redentora de Montaigne – que, em última análise, somos ainda pessoas bem ajustadas em nosso peculiar modo meio sábio, meio estúpido.

2

Sobre a inadequação sexual

É bastante problemático termos um corpo e uma mente, pois o primeiro forma um contraste quase monstruoso com a dignidade e a inteligência da última – fraqueja, lateja, pulsa e envelhece, nos obriga a arrotar e a soltar gases. Obriga-nos a preterir projetos sensatos em troca de algumas horas de suor na cama, em companhia de pessoas que se unem a nós na emissão de sons tão intensos que fazem lembrar hienas chamando umas às outras na aridez descampada dos desertos americanos. Nossos corpos mantêm nossas mentes como reféns de seus caprichos e ritmos. Toda a perspectiva de uma vida pode ser alterada ao término de um almoço indigesto. "Antes de comer sou uma pessoa; depois de uma refeição, sinto-me outra bem diferente", admitiu Montaigne.

> Quando o bem-estar físico e um belo dia de sol sorriem para mim, sou bastante afável; basta uma unha do pé encravada para tornar-me suscetível, mal-humorado e intratável.

Mesmo os maiores filósofos não foram poupados de humilhações impostas pelo corpo. "Imagine Platão sendo acometido de um ataque de epilepsia ou apoplexia", propôs ele, "então, em seguida, o desafie a recorrer a todas as nobres e esplêndidas faculdades de seu espírito." Ou imagine que, durante um banquete, Platão fosse assaltado por uma necessidade imperiosa de libertar-se de uma flatulência intestinal:

O esfíncter, encarregado de liberar os gases do ventre, tem dilatações e contrações características que independem da nossa vontade ou são, até mesmo, contrárias a elas.

Montaigne ouvira falar a respeito de um homem que soltava gases quando queria, e em uma certa ocasião distribuiu a emissão de gases em sequência tal que conseguiu metrificar a leitura de um poema. No entanto, um domínio de tal ordem não era suficiente para contestar sua observação geral de que nosso organismo leva vantagem sobre a nossa mente e de que o esfíncter é "bastante imoral e indiscreto". Montaigne chegou até a tomar conhecimento de um caso trágico em que um determinado ânus "muito turbulento e grosseiro obrigou seu dono a ataques tão severos e ininterruptos de flatulência que o fizeram padecer durante quarenta anos e culminaram por levá-lo à morte".

Não é de surpreender que possamos ser tentados a repudiar uma coexistência constrangedora e insultuosa com esses receptáculos. Montaigne conhecia uma mulher que, extremamente consciente de que seu aparelho digestivo era repugnante, tentava comportar-se como se ele não existisse:

> [Essa] senhora (entre várias pessoas importantes) [...] compartilha a crença de que a mastigação deforma as feições e prejudica a graça e a beleza femininas; portanto, quando sente fome, evita aparecer em público. E eu conheço um homem que não tolera ver outras pessoas comerem, assim como não suporta que o vejam comer: esquiva-se de qualquer companhia com muito mais frequência quando enche a barriga do que quando a esvazia.

Montaigne conhecia homens tão sobrepujados por seus anseios sexuais que davam fim a seu tormento castrando-se. Outros tentavam reprimir sua lascívia aplicando sobre os testículos excessivamente ativos compressas de vinagre com neve. Consciente do conflito existente entre a matéria e a realeza, o imperador Maximiliano proibiu que o vissem nu, especialmente da cintura para baixo. Em seu testamento, deixou ordens expressas para que fosse enterrado trajando ceroulas brancas. "Ele deveria ter-se lembrado de redigir uma cláusula adicional", observou Montaigne, "determinando que o homem encarregado de vestir seu cadáver fosse obrigado a ter os olhos vendados."

Por mais que nos atraiam medidas tão radicais, a filosofia de Montaigne era de reconciliação: "A mais insólita de nossas atribulações é menosprezar o ser". Em vez de tentar nos cindir em duas partes, deveríamos cessar de travar uma batalha sangrenta com o invólucro físico desconcertante e aprender a aceitá-lo como um fato imutável de nossa condição – nem tão terrível, nem tão humilhante.

No verão de 1993, eu e L. viajamos de férias para o norte de Portugal. Percorremos as aldeias do Minho e passamos alguns dias em Viana do Castelo. Foi lá que, em nossa última noite de férias, em um pequeno hotel com vista para o mar, percebi – sem praticamente nenhum aviso – que não conseguia mais fazer amor. Para mim, aquela teria sido uma situação difícil de conceber, e mais ainda de vivenciar, se alguns meses antes da viagem não me tivesse caído nas mãos o vigésimo primeiro capítulo do primeiro volume dos *Ensaios*, de Montaigne.

O autor reproduzia o relato de um amigo que havia ouvido um homem que perdera sua ereção no momento em que se preparava para a penetração. O constrangimento do narrador afetou o amigo de Montaigne com tal poder que, quando se viu na cama com uma mulher, não conseguiu banir a imagem de sua mente, e o medo de que a mesma catástrofe se abatesse sobre ele tornou-se tão assoberbante que impediu a rigidez de seu pênis. A partir de então, por mais que desejasse uma mulher não conseguia ter uma ereção, e a lembrança ignóbil de cada desventura humilhava-o e traumatizava-o com força cada vez maior.

O amigo de Montaigne havia se tornado impotente depois do fracasso em atingir um domínio firme e racional sobre o pênis, domínio esse que ele acreditava ser um aspecto indispensável de uma masculinidade normal. Montaigne não culpou o pênis: "A não ser em caso de uma impotência genuína, não existe incapacidade definitiva se um dia você foi capaz". O conceito opressivo de que temos um controle mental absoluto sobre nosso organismo e o pavor de nos afastarmos do padrão de normalidade foram os verdadeiros responsáveis pela impossibilidade de aquele homem ter atingido um bom desempenho sexual. A solução seria redefinir esse padrão: quando se aceita a perda do comando sobre o pênis como uma possibilidade inofensiva durante o ato amoroso, torna-se possível preparar-se para sua ocorrência – como o homem amargurado acabou por descobrir. Ao dividir o leito com uma mulher, ele aprendeu a

> admitir de antemão que estava sujeito a essa enfermidade e passou a falar abertamente no assunto, aliviando assim as tensões que abrigava em seu íntimo. Ao entender a disfunção como algo a ser esperado, a sensação de constrangimento diminuiu e passou a representar para ele um fardo bem mais leve.

A franqueza de Montaigne permitiu que as tensões na alma do leitor fossem aliviadas. O capricho inesperado do pênis foi removido do lúgubre recôndito da vergonha indizível e reconsiderado pela visão imperturbável e experiente de um filósofo imune a qualquer repulsa ao corpo. Um sentimento de culpabilidade pessoal foi abrandado pelo que Montaigne descreveu como:

> A desobediência [universal] e inoportuna desse membro que distende e fica ereto quando não queremos que fique, e que não tem escrúpulos em nos decepcionar quando mais precisamos dele.

Um homem que viesse a decepcionar a amante e conseguisse apenas balbuciar uma desculpa qualquer poderia recuperar as forças e abrandar a ansiedade de sua bem-amada ao aceitar que sua impotência pertencia a um terreno mais amplo de percalços sexuais, nem muito raros, nem muito insólitos. Montaigne conhecia um fidalgo fanfarrão que, certa vez, depois de não conseguir manter uma ereção com uma mulher, voltou às pressas para casa, decepou o pênis e o enviou à dama com quem havia estado "para reparar a ofensa". Montaigne propôs uma alternativa:

> Se [os casais] não estão preparados, convém não tentar apressar as coisas. Em lugar de cair em desgraça perpétua ao ser tomado pelo desespero diante de uma rejeição inicial, seria melhor [...] esperar o momento oportuno [...] um homem que sofre uma rejeição deve fazer tentativas e propostas sutis por intermédio de várias pequenas investidas; não deve se mostrar obstinado e insistir em declarar-se definitivamente inadequado.

Tratava-se de uma nova linguagem, íntima e discreta, com a qual era possível verbalizar os momentos mais solitários de nossa sexualidade. Ao penetrar os mistérios da alcova, Montaigne lhes extraiu toda a sua ignomínia, sem cessar nunca de tentar nos reconciliar com nossa realidade corpórea. Sua coragem em mencionar o que é vivido em segredo mas raramente dito em público expande os limites do que podemos ousar verbalizar para nossos amantes e para nós mesmos – uma coragem fundada na convicção montaigniana de que nada que possa acontecer ao homem é inumano, que "cada homem traz em si, inteira, a forma da condição humana", uma condição que inclui – não precisamos enrubescer ou nos odiar por isso – o risco de uma flacidez rebelde e ocasional do pênis.

Montaigne atribuiu em parte os problemas que enfrentamos com o nosso corpo ao fato de eles não serem tema de uma discussão honesta entre pessoas educadas. A literatura e a pintura representativas não tendem a identificar a graça feminina com grande interesse por atividades sexuais, nem a autoridade com o fato de ter esfíncteres e falos. Representações pictóricas de reis e damas não nos encorajam a imaginar que espíritos tão eminentes possam soltar gases intestinais ou copular. Montaigne recorreu a um francês belo e sem cerimônia para preencher esta lacuna nas artes:

> *Au plus eslevé throne du monde si ne sommes assis que sus nostre cul.*
> Mesmo no mais elevado trono do mundo, continuamos sentados sobre nossos cus.
> *Les Roys et les philosophes fientent, et les dames aussi.*
> Os reis e os filósofos defecam, e as damas também.

Ele poderia ter se expressado de outra maneira. Em vez de "*cul*", "*derrièrre*" ou "*fesses*". Em lugar de "*fienter*", "*aller au cabinet*". O *Dictionaire of the French and English Tongues (for the furtherance of young Learners, and the advantage of all others that endeavour to arrive at the most exactly knowledge of the French language)*, de Randle Cotgrave, editado em Londres, em 1611, explica que o

Rei Henrique III

Catarina de Medici

verbo "*fienter*" referia-se particularmente às excreções de parasitas e texugos. Se Montaigne sentiu necessidade de recorrer a uma linguagem tão incisiva, foi para corrigir uma rejeição ao corpo igualmente incisiva e presente nas obras filosóficas e nas salas de visitas. A visão de que as damas nunca precisavam lavar as mãos e os reis não tinham nádegas havia propiciado a oportunidade de lembrar ao mundo que eles defecavam e tinham ânus:

> As atividades genitais da humanidade são muito naturais, necessárias e legítimas: por que fomos inibidos a ponto de jamais ousar mencioná-las sem constrangimento e a ponto de excluí-las das conversas sérias e metódicas? Não temos medo de pronunciar palavras como *matar*, *roubar* ou *trair*; mas existem aquelas que mal nos aventuramos a murmurar entre os dentes.

Nas cercanias do castelo de Montaigne havia várias florestas de faias. Uma delas ficava ao norte, perto do vilarejo de Castillon-la-Bataille, outra a leste, próximo a St. Vivien. A filha de Montaigne, Léonor, deve ter conhecido bem o silêncio e a grandeza desses bosques. No entanto, ninguém a incentivava a saber que nome tinham: a palavra em francês que corresponde a faia é "*fouteau*". Em francês, o verbo fornicar é "*foutre*".

"Minha filha – não tenho outros filhos – está em uma idade em que mocinhas mais fogosas obtêm permissão legal para casar." Montaigne descreveu Léonor, então com catorze anos:

> Ela é esguia e delicada; aparenta menos idade e foi criada pela mãe. Léonor teve uma infância sossegada e solitária; dá os primeiros passos no sentido de aprender a livrar-se de sua inocência pueril. Um dia, estava lendo um livro em francês em minha presença, quando deparou-se com a palavra *fouteau*, que designa aquela árvore tão conhecida. A mulher que ocupa o cargo de sua governanta a deteve abruptamente e, com uma certa grosseria, a fez saltar aquele vocábulo incômodo, como se ele fosse uma vala.

Montaigne ressaltou com certa ironia que, mesmo que se reunissem vinte criados rudes e de comportamento vulgar, eles não conseguiriam encontrar melhor maneira de ensinar a Léonor o que ocultava a palavra "*fouteau*" do que uma imposição tão inflexível para que ela realizasse um salto em distância sobre a palavra. Mas para a governanta – ou a "bruxa velha", como o patrão a havia indelicadamente apelidado – o salto era essencial, porque a dignidade de uma jovem não combinava com o conhecimento do que viria a ocorrer se, dentro de alguns anos, ela se visse em um quarto na companhia de um homem.

Montaigne censurava nossos retratos convencionais por renegarem a maior parte do que somos. Foi com o intuito de corrigir em parte esta falha que ele escreveu seu próprio livro. Quando aposentou-se, aos 38 anos de idade, ele almejava escrever, mas sentia-se inseguro quanto ao tema que deveria escolher. Aos poucos formou-se em sua mente a ideia para um livro cuja originalidade o fizesse se destacar entre os mil volumes que enchiam aquelas prateleiras semicirculares.

Montaigne deixou de lado milênios de repressão autoral para discorrer a respeito de si mesmo. O plano era descrever, da maneira mais explícita possível, o funcionamento de sua mente e de seu corpo, declarando sua intenção no prefácio que elaborou para os *Ensaios* – dois volumes foram publicados em Bordeaux, em 1580, e oito anos mais tarde foi lançado o terceiro, em uma edição parisiense:

> Tivesse eu nascido entre essa gente de quem se afirma viver ainda na doce liberdade das leis primitivas da natureza, posso asseverar que não hesitaria em pintar-me por inteiro e nu.

Até então, nenhum autor havia aspirado a mostrar-se a seus leitores sem qualquer vestimenta. Os retratos oficiais de pessoas que se escondiam em amontoados de pano proliferavam, assim como proliferavam relatos da vida de santos e papas, imperadores romanos e estadistas gregos. Havia mesmo um retrato oficial de Montaigne, pintado por Thomas de Leu (1562- c. 1620), que o mos-

trava trajando a beca de prefeito da cidade e trazendo ao pescoço a condecoração da ordem de Saint-Michel, que recebeu de Carlos IX, em 1571, ostentando uma expressão inescrutável e um tanto severa.

Mas esse eu ciceroniano e paramentado não era o que Montaigne desejava revelar em sua obra. Estava mais preocupado com o homem em sua totalidade, com a criação de uma alternativa para os retratos que omitiam grande parte do que era o homem. Explica-se, portanto, a inclusão de descrições de suas refeições, seu pênis, suas evacuações, suas conquistas amorosas e suas flatulências – pormenores que raramente constavam de uma obra séria até então publicada, por ridicularizarem com tanta gravidade a imagem da criatura racional que o homem fazia de si mesmo. Montaigne informava seus leitores:

> *O comportamento de seu pênis constituía uma parte essencial de sua identidade:*
> Cada um dos meus membros, um tanto quanto outro, revela quem sou: e cabe a esse a supremacia de fazer de mim um homem propriamente dito. Devo ao público meu retrato por inteiro.
> *O sexo era, em sua opinião, ruidoso e desordenado:*
> Em qualquer lugar, é possível se preservar um pouco de decência; todas as outras atividades acatam as regras do decoro: esta só pode ser considerada como ridícula ou sujeita a fracassos. Tentem encontrar uma maneira inteligente e discreta de exercê-la!
> *Para ele, o sossego era indispensável quando se sentava no toalete:*
> De todas as funções orgânicas, essa é a única que não admite interrupções.
> *Seu intestino funcionava como um relógio:*
> Eu e minhas vísceras nunca faltamos ao nosso encontro habitual, que normalmente acontece (a menos que

alguma doença ou negócio urgente nos atrapalhem) assim que pulo da cama.

Se outorgamos importância aos tipos de retrato que nos circundam, é porque pautamos nossa vida pelo exemplo que eles nos oferecem, aceitando os aspectos de nossa individualidade que coincidem com a descrição que o outro faz de si próprio. O que nos é evidente nos outros nós seguimos; o que os outros silenciam nos deixa cegos ou nos provoca vergonha.

> Quando imagino o mais ponderado e sábio dos homens em posturas [sexuais], considero uma desfaçatez que ele se arrogue sábio e ponderado.

A sabedoria não é impossível; apenas a sabedoria tal como foi definida por Montaigne. A verdadeira sabedoria deve acomodar os aspectos mais primitivos do nosso ser, deve adotar uma visão mais modesta sobre o papel que a inteligência e a erudição podem exercer em qualquer vida e aceitar as exigências urgentes e às vezes profundamente pouco edificantes de nossa estrutura mortal. Os filósofos epicuristas e estoicos haviam sugerido que poderíamos atingir um domínio sobre nosso corpo e nunca nos deixarmos arrastar por nossos eus físicos e apaixonados. Trata-se de um nobre conselho que reprime nossas maiores aspirações. É também impossível, portanto contraproducente:

> Para que servem aqueles cumes filosóficos sobre os quais ninguém consegue acomodar-se e aquelas regras que excedem nossos hábitos e nossa capacidade?
> Não é uma atitude muito inteligente moldar suas responsabilidades de acordo com os padrões de um tipo diferente de existência.

O corpo não pode ser rejeitado ou vencido, mas pelo menos não há, como Montaigne desejava lembrar à "velha bruxa", necessidade de escolhermos entre nossa dignidade e um interesse em *fouteau*:

> Será tão difícil compreender que não existe nada em nós, durante esta prisão terrena, que seja ou puramente físico ou puramente espiritual, e que é injurioso dilacerar um homem?

3

Sobre a inadequação cultural

Outra causa de inadequação é a rapidez e arrogância com que as pessoas parecem dividir o mundo em dois campos: o campo do *normal* e o do *anormal*. Nossas experiências e crenças são alvos frequentes de um menosprezo que se traduz em comentários eivados de ironia e espanto: "É mesmo? Que estranho!", acompanhados de um arqueamento de sobrancelhas, significando, em pequena escala, uma rejeição à nossa legitimidade e humanidade.

No verão de 1580, Montaigne realizou o desejo de toda uma vida e fez sua primeira viagem ao exterior, montado a cavalo, para Roma, passando pela Alemanha, Áustria e Suíça. Viajou na companhia de quatro jovens da nobreza, incluindo seu irmão Bertrand de Mattecoulon, e doze servos. Ficaram longe de casa por dezessete

meses, cobrindo 5 mil quilômetros. Entre outras cidades, o grupo passou pela Basileia, por Baden, Schaffhausen, Augsburgo, Innsbruck, Verona, Veneza, Pádua, Bolonha, Florença e Siena – chegando finalmente a Roma ao anoitecer do último dia de novembro de 1580.

Durante a viagem, Montaigne observou que o conceito de normalidade variava drasticamente de província para província. Nas estalagens dos cantões suíços, pensava-se ser normal que os viajantes tivessem quartos individuais, as camas fossem enfeitadas com belos cortinados e tão altas que era necessário escalar alguns degraus para atingi-las. A poucos quilômetros de distância, na Alemanha, era considerado normal acomodar quatro viajantes em um só quarto equipado com camas rentes ao chão, e não havia cortinas ao redor delas. Os estalajadeiros ofereciam acolchoados de penas, em vez dos simples lençóis encontrados nos albergues da França. Na Basileia, as pessoas não acrescentavam água a seu vinho e havia seis ou sete pratos por refeição, e em Baden comia-se apenas peixe às quartas-feiras. O menor dos povoados suíços era vigiado por, no mínimo, dois guardas; os alemães tocavam seus sinos a cada quarto de hora e, em algumas cidades, de minuto em minuto. O prato típico em Lindau era uma sopa de marmelo, servida depois da carne, e à massa do pão era acrescentada erva-doce.

Os viajantes franceses tendiam a se irritar com essas diferenças de hábitos. Nos hotéis, mantinham distância dos aparadores com comidas estranhas e solicitavam apenas os pratos comuns que já conheciam em sua terra natal. Tentavam não travar conversa com pessoas que cometiam o erro de não falar sua língua e beliscavam com cautela o pão de erva-doce. De sua mesa, Montaigne os observava:

> Basta saírem de seus povoados de origem para se sentirem como peixes fora d'água. Por onde passam, mantêm seus hábitos arraigados e criticam o modo de vida dos estrangeiros. Se, por acaso, encontram um compatriota [...] comemoram o acontecimento [...] Mal-humorados e taciturnos, tomam a precaução de viajar enrolados em suas capas, no intuito de se protegerem do contágio de um clima desconhecido.

Em meados do século XV, nos estados do sul da Alemanha, foi desenvolvido um novo método de aquecimento das casas: o Kastenofen, uma fornalha de ferro dotada de chapas retangulares unidas por parafusos e alimentada a carvão ou lenha, em forma de caixa, que não ficava presa à parede. A invenção apresentava grandes vantagens. Os invernos eram longos, e uma fornalha fechada era capaz de distribuir o calor com uma intensidade quatro vezes maior do que a lareira aberta. Além disso, exigia menos combustível e dispensava limpadores de chaminé. O calor era absorvido por suas paredes e espalhava-se lenta e uniformemente pelo ar. Mastros eram fixados à sua volta, onde a roupa lavada era pendurada e seca, e o local da fornalha funcionava como uma sala de estar para as famílias durante o inverno.

Mas os franceses não se deixaram impressionar. Em sua opinião, a lareira convencional era mais barata; eles acusavam a fornalha alemã de não fornecer iluminação e de retirar a umidade do ar, emprestando aos ambientes uma sensação de opressão.

O assunto transformou-se em discórdia regional. Em Augsburgo, em outubro de 1580, Montaigne conheceu um alemão que teceu uma apreciação prolixa e maçante sobre a maneira de os franceses aquecerem suas casas com lareiras e, em seguida, passou a exaltar as vantagens da fornalha de ferro. Ao tomar conhecimento de que Montaigne passaria poucos dias na cidade (ele havia chegado no dia 15 e planejava partir no dia 19), externou sua compaixão por ele, citando entre as principais inconveniências de deixar Augsburgo, o "peso na cabeça" que ele sentiria quando retornasse às lareiras – o mesmo "peso na cabeça" que os franceses acusavam as fornalhas de provocar.

Montaigne avaliou a polêmica de perto. Em Baden, foi-lhe destinado um quarto equipado com a fornalha, e, depois de se habituar com um certo cheiro por ela exalado, teve uma noite agradável. Ele observou que a fornalha permitiu que usasse roupas leves para dormir. Meses depois, quando estava na Itália, lamentou a ausência do aparelho em sua estalagem.

De volta para casa, ele ponderou sobre as respectivas qualidades de cada sistema de aquecimento.

> É verdade que as fornalhas proporcionam uma sensação opressiva de calor e que o material usado na sua fabricação produz um cheiro capaz de provocar dor de cabeça em quem não está acostumado [...] Por outro lado, como o calor que emitem é invariável, constante e bem distribuído, sem uma chama visível, sem a fumaça que nossas chaminés liberam, elas têm motivos de sobra para resistir a uma comparação com o sistema que utilizamos.

O que de fato aborrecia Montaigne era ver que tanto os cavalheiros de Augsburgo quanto os da França deixavam-se levar por uma convicção inabalável da superioridade de cada sistema. Se, ao voltar da Alemanha, Montaigne tivesse mandado instalar em sua biblioteca uma fornalha adquirida em Augsburgo, seus concidadãos teriam recebido o objeto com a mesma desconfiança que dispensavam a qualquer novidade:

> Cada nação tem muitos costumes e práticas que outras nações não só desconhecem como consideram bárbaros e motivo de assombro.

E, naturalmente, nada havia de bárbaro ou assombroso em se ter uma lareira ou uma fornalha. A definição de normalidade proposta por uma dada sociedade parece capturar apenas uma fração do que é de fato razoável, condenando injustamente a um status de estranho vastas áreas de experiência. Ao ressaltar para o homem de Augsburgo e seus vizinhos da Gasconha que tanto uma fornalha quanto uma lareira ocupavam um lugar legítimo no vasto reino de sistemas de aquecimento admissíveis, Montaigne estava tentando ampliar uma concepção provinciana de normalidade – e seguindo os passos de seu filósofo favorito:

> Quando perguntaram a Sócrates de onde ele era, ele não respondeu "de Atenas" e sim "do mundo".

Esse mesmo mundo havia recentemente se revelado bem mais estranho do que qualquer europeu poderia ter suposto. No dia 12 de outubro de 1492, uma sexta-feira, 41 anos antes do nascimento de Montaigne, Cristóvão Colombo aportou em uma das ilhas do arquipélago das Bahamas, na entrada do golfo da Flórida, e fez contato com alguns índios guanahanis, que nunca haviam ouvido falar de Jesus Cristo e andavam nus.

Montaigne interessou-se pelo assunto com avidez. Em sua biblioteca circular havia vários livros sobre a vida das tribos indígenas da América, entre eles *L'histoire générale des Indes*, de Francisco Lopez de Gomara, *Historia de mondo novo*, de Girolamo Benzoni, e *Viagem à terra do Brasil*, de Jean de Léry. Ele leu que, na América do Sul, as pessoas gostavam de comer aranhas, gafanhotos, formigas, lagartos e morcegos: "Eles os cozinham e os servem temperados com vários tipos de molho". Havia tribos americanas em que as virgens exibiam suas partes pudendas sem constrangimento, as noivas faziam orgias no dia de seu casamento, os homens tinham permissão para se casar entre si e os mortos eram postos em um caldeirão, onde eram cozidos, misturados ao vinho e ingeridos por seus familiares durante uma festa. Havia países em que as mulheres urinavam de pé e os homens se agachavam, os homens deixavam crescer os pelos da parte frontal do corpo e raspavam o dorso. Havia também aqueles onde os homens eram circuncidados, enquanto, em outros, detestavam expor suas glandes à luz do dia e, por conseguinte, "esticavam o prepúcio escrupulosamente no intuito de cobrir a glande e, em seguida, o amarravam com pequenas cordas". Havia nações em que as regras de etiqueta recomendavam que se virassem as costas ao se cumprimentar alguém, em que, quando o rei cuspia, a favorita da corte oferecia a própria mão, quando ele precisava esvaziar os intestinos, seus lacaios "recolhiam suas fezes em um pano de linho". Cada país parecia ter um diferente conceito de beleza:

> No Peru, orelhas grandes são belas: o povo costuma esticá-las ao máximo, apelando para recursos artificiais. Um homem que ainda vive conta ter visitado um país do Oriente onde o hábito de esticar as orelhas e as enfeitar com joias pesadas é tão apreciado que ele afirma ter conseguido com frequência introduzir o próprio braço, peças de roupa e outros objetos nos orifícios que as mulheres exibiam nos lóbulos de suas orelhas e passá-los de um lado para outro. Alhures, existem nações inteiras que, meticulosamente, tingem de preto os dentes e detestam ver dentes brancos. Em outras partes do mundo, pintam os dentes de vermelho [...] As mulheres mexicanas reputam formosas as testas estreitas; então, arrancam os pelos de todo o corpo, mas são encorajadas a cobrir a testa com a maior quantidade possível de cabelo. Seios fartos são tão apreciados naquele país que as mulheres gostam de jogá-los sobre os ombros e amamentar os filhos que trazem amarrados às costas.

Na obra de Jean de Léry, Montaigne aprendeu que os tupis do Brasil viviam em nudez paradisíaca e não demonstravam qualquer sinal de vergonha (na verdade, quando os europeus tentavam oferecer peças de roupa às mulheres tupis, elas mal disfarçavam o riso e as recusavam, perplexas com o fato de existirem pessoas que se dispunham a sobrecarregar o corpo com coisas tão desconfortáveis).

O gravador encarregado de ilustrar a obra de De Léry (que havia passado oito anos entre os índios) teve o cuidado de corrigir o boato corrente na Europa de que

Tanto os homens quanto as mulheres estavam tão nus como quando saíram dos ventres de suas mães.
Jean de Léry, *Viagem à terra do Brasil* (1578)

os tupis eram tão peludos quanto os animais (*De Léry: "Ils ne sont point naturellement poilus que nous ne sommes en ce pays"*). Os homens raspavam a cabeça e as mulheres usavam cabelos longos, que traziam entrelaçados por belas trançadeiras vermelhas. Os tupis adoravam tomar banho: sempre que viam um rio, mergulhavam em suas águas e lavavam-se uns aos outros. Chegavam a tomar cerca de doze banhos diários.

Moravam em extensas construções semelhantes a celeiros, onde dormiam duzentas pessoas. As camas eram tecidas com algodão e penduradas entre dois pilares como redes (quando caçavam, costumavam levar suas camas e as amarravam nas árvores para um cochilo vespertino). A cada seis meses, a tribo procurava um novo local para se estabelecer, pois seus integrantes consideravam que uma mudança de ares lhes faria bem ("*Ils n'ont d'autre réponse, sinon de dire que changeant l'air, ils se portent mieux*" – De Léry). O modo de vida dos tupis era tão regrado que lhes permitia chegar aos cem anos de idade e conservar os cabelos pretos mesmo na velhice. O povo era extremamente hospitaleiro. Quando um recém-chegado aportava na aldeia, as mulheres cobriam o rosto, começavam a gritar e exclamar: "Como vai? Quanto trabalho em vir nos visitar!". Imediatamente, era oferecida ao visitante a bebida que mais apreciavam, feita com a raiz de uma planta e tinta como o vinho, de sabor ácido, mas que era considerada benéfica para o estômago.

Os homens tupis tinham permissão para desposar mais de uma mulher e eram considerados maridos devotados a todas. "Seu código de ética contém dois artigos apenas: demonstrar coragem em tempos de guerra e amar as esposas", relatou Montaigne. As esposas pareciam felizes com a poligamia masculina e não se mostravam ciumentas (a vida sexual dos tupis era descontraída; havia apenas uma restrição: era terminantemente proibido dormir com um parente próximo). Montaigne deliciava-se com este pormenor, enquanto sua esposa repousava em outro andar do castelo:

> Uma característica interessante de sua vida matrimonial é digna de nota: nossas esposas mostram-se extremamente zelosas em reprimir o amor e a ternura que outras mulheres despertam em nós; já as esposas tupis são igualmente zelosas em arrebanhar outras mulheres para seus maridos. Mais preocupadas com a reputação deles do que com qualquer outra coisa, elas empenham-se em conseguir o maior número possível de coesposas, já que uma família grande reafirma o valor do marido.

Tudo isso era muito singular. Montaigne, no entanto, não encontrou nada de anormal nessas leituras.

Ele era minoria. Logo depois da descoberta de Colombo, os colonizadores portugueses e espanhóis deixaram a Europa no intuito de explorar as novas terras e concluíram que os nativos eram um pouco melhores do que animais. O fidalgo católico Villegaignon referiu-se a eles como "feras de aparência humana" ("*ce sont des bêtes portant figure humaine*"); Richer, ministro calvinista, argumentou que não tinham senso moral ("*l'hébétude crasse de leur esprit ne distingue pas le bien du mal*"); e o médico Laurent Joubert, após examinar cinco mulheres brasileiras, asseverou que elas não menstruavam e, portanto, categoricamente, não pertenciam à raça humana.

Não satisfeitos em despojá-los de sua humanidade, os espanhóis começaram a dizimá-los como animais. Por volta de 1534, 42 anos após a chegada de Colombo, os impérios inca e asteca haviam sido destruídos e seu povo escravizado ou assassinado. Montaigne leu a respeito desses atos de barbarismo em *Brevissima Relación de la Destrucción de las Indias*, de Bartolomeo Las Casas (obra editada em Sevilha, em 1552, e traduzida para o francês em 1580, por Jacques de Miggrode, que a intitulou *Tyrannies et cruautés des Espagnols perpétrées es Indes occidentales qu'on dit le Nouveau Monde*). A hospitalidade inata dos nativos e a precariedade de suas armas foram responsáveis por sua exterminação gradual. Eles abriram suas aldeias e cidades para os espanhóis para logo descobrirem que eram atacados quando menos esperavam. As armas primitivas de que dispunham não eram páreo para os canhões e espadas, e os conquistadores não demonstravam piedade alguma por suas vítimas. Matavam crianças, rasgavam o ventre de mulheres grávidas, arrancavam olhos, queimavam vivas famílias inteiras e incendiavam aldeias à noite.

Treinavam cães para penetrar na floresta, para onde os índios fugiram e onde foram dilacerados.

Os homens eram designados para o trabalho nas minas de ouro e prata e obrigados a usar uma coleira de ferro. Quando um homem morria, seu corpo era cortado da corrente, enquanto os demais continuavam a trabalhar. A maioria dos índios não durava mais de três semanas nas minas. As mulheres eram estupradas e desfiguradas na presença dos maridos.

A forma predileta de mutilação consistia em cortar o queixo e o nariz. Las Casas relatou como uma mulher, ao ver as tropas espanholas avançando com seus cães, enforcou-se com seu filho. Um soldado aproximou-se, desembainhou a espada e cortou a criança ao meio, lançando aos cães uma das metades. Em seguida, pediu a um frade que administrasse os últimos sacramentos para que fosse assegurado àquele inocente um lugar no Paraíso.

Com homens e mulheres separados, desolados e ansiosos, os índios cometeram suicídio em larga escala. Entre o nascimento de Montaigne, em 1533, e a publicação do terceiro volume de seus *Ensaios*, em 1588, calcula-se que a população indígena do Novo Mundo tenha caído de 80 para 10 milhões de habitantes.

Os espanhóis haviam chacinado os índios com a consciência limpa porque estavam certos de que sabiam o que era um ser humano normal. Sua razão lhes ditava que se tratava de alguém que usava culotes, tinha uma única esposa, não comia aranhas e dormia em uma cama:

> Não entendíamos uma única palavra de sua língua; seu comportamento e até mesmo suas feições e trajes eram muito diferentes dos nossos. Quem entre nós não os teria tomado por brutos e selvagens? Quem entre nós não teria atribuído seu silêncio a uma obtusidade do espírito e a uma ignorância animalesca? Afinal de contas, eles [...] não entendiam nossos beija-mãos e as complexas inclinações do tronco em sinal de reverência.

Talvez se assemelhassem a seres humanos: "Ah! Mas não usavam culotes...".

A carnificina ocultava uma forma nebulosa de raciocínio. O processo de distinção entre o que é normal e o que é anormal geralmente origina-se de uma forma de lógica indutiva, por meio da qual inferimos uma proposição geral a partir de exemplos específicos (como diriam os lógicos, a partir da observação de que A1 é ø, A2 é ø e A3 é ø, somos levados a concluir que "todos os As são ø"). Quando queremos avaliar se alguém é ou não inteligente, procuramos características comuns a todas as pessoas inteligentes que, até aquele momento, conhecemos. Se encontrarmos uma pessoa inteligente que se pareça com o nº 1, outra com o nº 2 e uma terceira com o nº 3, somos

1.

2.

3.

4.

propensos a acreditar que as pessoas inteligentes leem muito, se vestem de preto e têm um ar um tanto solene. Corremos, assim, o risco de rejeitar, por considerar estúpida, e talvez até mais tarde matar aquela que se pareça com o nº 4.

Os viajantes franceses que se mostraram horrorizados com as fornalhas alemãs em seus quartos estavam familiarizados com os vários modelos de lareira existentes na França antes de chegarem à Alemanha. Talvez se parecesse com o nº 1, outro com o nº 2, um terceiro com o nº 3 e isso poderia tê-los levado a concluir que a essência de um bom sistema de aquecimento era uma lareira aberta.

1.

2.

3.

Montaigne lamentava a arrogância intelectual que estava em jogo. *Havia* selvagens na América do Sul; não eram os que comiam aranhas:

> O homem rotula de bárbaro qualquer coisa a que não está acostumado; não temos outro critério de verdade ou de razão absoluta que não sejam o exemplo e o perfil das opiniões e costumes do nosso próprio país. É nele que sempre encontramos a religião perfeita, a política perfeita e a maneira mais desenvolvida e perfeita de fazer o que quer que seja!

Não era sua intenção abolir a distinção entre bárbaro e civilizado; havia diferenças de valor entre os costumes de países (o relativismo cultural era tão imperfeito quanto o nacionalismo). Ele apenas corrigia a maneira pela qual fazíamos a distinção. Nosso país poderia ter muitas virtudes, mas elas não dependiam do fato de ser o nosso país. Uma terra estrangeira poderia ter muitos defeitos, mas eles não poderiam ser identificados com base no simples fato de que seus costumes eram incomuns. A nacionalidade e a familiaridade eram critérios absurdos para se determinar o que é correto.

O costume francês havia decretado que, se um indivíduo estivesse com as vias nasais entupidas, ele deveria usar um lenço para assoar o nariz. Mas Montaigne tinha um amigo que, depois de refletir sobre o assunto, havia concluído que seria melhor dispensar o lenço e usar apenas os dedos:

> Para defender seu gesto [...] ele me perguntou por que aquele muco asqueroso devia ser tão privilegiado a ponto de prepararmos um fino tecido para recebê-lo, embrulhá-lo e carregá-lo conosco onde quer que fôssemos [...] Não considerei totalmente despropositado o seu argumento, mas o hábito havia me impedido de perceber que era procedente aquela estranheza que julgamos ser tão abominável em costumes semelhantes em um outro país.

A melhor maneira de avaliar um comportamento deveria envolver uma análise criteriosa em vez de preconceito. A frustração de Montaigne era causada por aqueles que levianamente não diferenciavam o que não é familiar daquilo que não é adequado, e dessa forma ignoravam a lição mais elementar de humildade intelectual oferecida pelo maior de todos os filósofos da Antiguidade:

> Ao ser indagado sobre o que sabia, o mais sábio de todos os homens que já existiram respondeu que a única coisa que ele sabia era que nada sabia.

***

O que, então, devemos fazer se nos virmos diante de uma sugestão velada de anormalidade, expressa em frases do tipo "É mesmo? Que estranho!", que se fazem acompanhar de um arqueamento de sobrancelhas, significando, em pequena escala, uma rejeição à nossa legitimidade e humanidade – uma reação que o amigo de Montaigne havia encontrado na Gasconha quando assoou o nariz com os dedos e que havia, em sua forma mais extrema, levado à devastação das tribos sul-americanas?

Talvez devamos nos lembrar até que ponto as acusações de anormalidade são regional e historicamente fundadas. Para nos libertarmos de sua influência, precisamos apenas nos expor à diversidade de costumes através do tempo e do espaço. O que é considerado anormal em um grupo em um determinado momento não pode ser e não será sempre considerado dessa maneira. Precisamos cruzar as fronteiras de nossa mente.

LUGARES ONDE É CONSIDERADO ANORMAL:

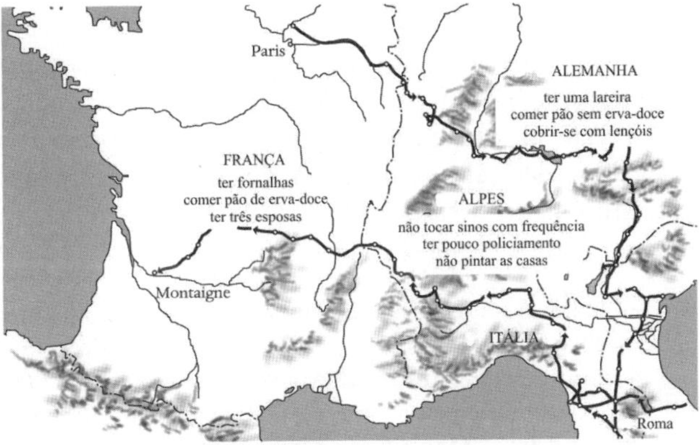

Montaigne havia abarrotado sua biblioteca de livros que o ajudaram a cruzar as fronteiras do preconceito. Eram livros de história, diários de bordo, relatos de missionários e comandantes de navio, literatura de outras terras e volumes ilustrados com gravuras de tribos estranhamente vestidas, comendo peixes de nomes desconhecidos. Por intermédio desses livros, Montaigne conseguiu conferir legitimidade a componentes de sua personalidade de que não havia evidência nas cercanias onde morava – componentes romanos e gregos, facetas de si mesmo que eram mais mexicanas e tupis do que originárias da Gasconha, porções de si próprio que gostariam de ter seis esposas e uma cabeça rapada ou banharem-se doze vezes por dia; ele poderia se sentir menos solitário ao se voltar para os *Anais*, de Tácito, ou para a história da China, de Gonçalez de Mendoza, a história de Portugal, de Goulart e Lebelski, as viagens pela África, de Leo Africanu, a história do Chipre, de Lusignano, a coletânea de narrativas turcas e orientais, de Postel, e a cosmografia universal, de Muenster (que prometia revelar ao leitor gravuras de "animaux estranges").

Se as exigências alheias para que fosse estabelecida uma verdade universal o oprimiam, ele poderia da mesma forma dispor das teorias sobre o universo defendidas por todos os grandes filósofos da Antiguidade e em seguida constatar que haviam resultado em risíveis divergências, apesar da fé que cada um desses pensadores depositava na posse da verdade absoluta. Ao fim desse estudo comparativo, Montaigne sarcasticamente confessou que não fazia a menor ideia se devia ou não aceitar:

> a "teoria das ideias", de Platão; o atomismo de Epicuro; o vácuo pleno de Leucipo e Demócrito; a água de Tales e a infinitude da natureza de Anaximandro; o éter de Diógenes, os números e a simetria de Pitágoras, o infinito de Parmênides, a Unidade de Musaeus, o fogo e a água de Apolodoro, as partículas homogêneas de Anaxágoras, a discórdia e a concórdia de Empédocles, o fogo de Heráclito ou qualquer outra opinião extraída da confusão ilimitada da capacidade de julgamento e doutrinas produzidas pela nata do raciocínio humano, com toda a sua convicção e clareza.

As descobertas de mundos novos e de textos antigos solapou poderosamente o que Montaigne descreveu como “aquela lamentável e incisiva arrogância eivada de fé e confiança absolutas em si mesma”:

> Todos os que fizeram uma seleção inteligente dos disparates asnáticos da sabedoria humana teriam maravilhas a contar [...] Podemos julgar o que devemos pensar do Homem, e de sua percepção e capacidade de raciocínio, quando encontramos erros tão crassos e tão óbvios até nesses personagens importantes que elevaram a inteligência humana a grandes alturas.

Também lhe foi útil ter passado dezessete meses percorrendo a Europa a cavalo. Visitar outros países e testemunhar modos de vida diferentes de certa maneira o libertaram da atmosfera opressora da região em que vivia. O que uma sociedade julgava estranho outra poderia, com mais sensatez, acolher como sendo normal.

Outras terras podem nos devolver uma noção de possibilidade que foi esmagada pela arrogância provinciana; elas nos encorajam a nos aceitar melhor. O conceito de normalidade proposto por qualquer província em particular – Atenas, Augsburgo, Cuzco, México, Roma, Sevilha, Gasconha – abre espaço apenas para poucos aspectos da nossa natureza e injustamente confia o resto ao bárbaro e ao bizarro. Cada homem traz em si, inteira, a forma da condição humana, mas parece que não existe um único país capaz de tolerar a complexidade dessa condição.

Entre as 57 inscrições que Montaigne havia pintado nas ripas pregadas nas prateleiras de sua biblioteca, havia um verso de Terêncio:

> *Homo sum, humani a me nihil alienum puto.*
> Sou homem; nada do que é humano é alheio a mim.

Ao cruzar fronteiras, em um cavalo ou na imaginação, Montaigne nos convidou a substituir os preconceitos locais e a autodivisão que eles nos induzem pela busca de uma identidade menos limitada como cidadãos do mundo.

Outra consolação para as acusações de anormalidade é a amizade. Entre outras coisas, um amigo é alguém generoso o bastante para reconhecer em nós mais traços de normalidade do que a maioria reconheceria. Podemos compartilhar opiniões com nossos amigos que outros censurariam por considerá-las cáusticas, sexistas, negativas, tolas, inteligentes ou vulneráveis demais. A amizade propicia que tramemos pequenas conspirações contra o que outras pessoas julgam aceitável.

Como Epicuro, Montaigne acreditava que a amizade era um componente essencial da felicidade:

> O encanto de um companheiro com quem se vive em perfeita concordância e harmonia nunca será caro demais em minha opinião. Ah, um amigo! Como estavam certos os antigos, que julgavam o companheirismo mais doce que a água e mais necessário que o fogo.

Durante algum tempo, ele teve a sorte de conviver com esse companheirismo. Aos 25 anos, foi apresentado a um escritor de 28 anos e membro do Parlamento de Bordeaux, Étienne de La Boétie. Foi um caso de amizade à primeira vista:

> Estávamos à procura um do outro antes de nos conhecermos devido às informações recíprocas que recebíamos [...] abraçamo-nos e nos tratamos pelos nossos nomes de batismo. Em nosso primeiro encontro, que o acaso favoreceu em uma grande festa na cidade, sentimo-nos tão à vontade, tão ligados um ao outro que, desde então, nada

era mais íntimo a cada um do que cada um era para o outro.

Para Montaigne, a amizade era algo que só ocorria uma vez a cada trezentos anos; nada tinha em comum com as insípidas alianças que com frequência recebiam esse nome:

> Pessoas que normalmente intitulamos amigas e por quem sentimos amizade não passam de conhecidos ou parentes que o acaso ou a convivência uniram. Em nome deles, nossos espíritos acabam por desenvolver uma tolerância mútua. A amizade a que me refiro tem por característica a total fusão de duas almas, que se confundem a ponto de se tornarem uma só. Ao formarem uma harmonia universal, eliminam por completo a linha que costurou uma à outra, de modo que jamais se possam encontrar traços dessa costura.

A amizade não seria valiosa se a maioria das pessoas não nos decepcionasse tanto – se Montaigne não precisasse esconder tantos traços de sua personalidade daqueles que o cercavam. A profundidade de sua ligação com La Boétie o fez entender que, em seus relacionamentos com outras pessoas, ele havia sido forçado a mostrar apenas uma imagem editada de si próprio, para evitar suspeitas e sobrancelhas arqueadas. Muitos anos depois, Montaigne analisou a origem de sua afeição por La Boétie:

> *Luy seul jouyssoit de ma vraye image.*
> Apenas ele teve o privilégio de conhecer minha verdadeira face.

Ou seja, La Boétie – entre todos os conhecidos de Montaigne – foi o único que o entendeu de fato. Ele permitiu a Montaigne ser ele mesmo; com sua acuidade psicológica, lhe conferiu essa capacidade. Ele ofereceu muita liberdade de ação para as valiosas e até então negligenciadas dimensões de sua personalidade – o que sugere que escolhemos nossos amigos não somente porque representam uma companhia agradável e divertida, mas também, e talvez mais importante, porque eles compreendem quem nós pensamos ser.

O idílio foi dolorosamente breve. Em agosto de 1563, quatro anos após o primeiro encontro, La Boétie adoeceu, com dores no abdômen, e morreu poucos dias depois. A perda jamais deixou de atormentar Montaigne:

> Na realidade, se eu comparar o resto de minha vida [...] àqueles quatro anos em que tive o privilégio de usufruir a terna amizade e o companheirismo de um homem como aquele, vejo que só me sobraram cinzas e noites de escuridão e enfado. Desde o dia em que o perdi [...] simplesmente me arrasto pela vida.

Em todo o seu *Ensaios* há manifestações da ânsia de encontrar outro companheiro que se assemelhasse ao amigo morto. Dezoito anos após a morte de La Boétie, Montaigne ainda era assaltado por períodos de dor. Em maio de 1581, em La Villa, perto de Lucca, para onde fora com o intuito de experimentar suas águas, ele anotou em seu diário que havia passado um dia inteiro perseguido por "lembranças dolorosas de Monsieur de La Boétie. O longo tempo que passei mergulhado em um estado de espírito tão depressivo e irremediável causou-me um grande mal".

Ele jamais foi abençoado novamente em suas amizades, mas descobriu uma forma de compensação das mais brilhantes. Nos *Ensaios*, ele recriou por outros meios o verdadeiro retrato de si mesmo que La Boétie havia reconhecido. Ele se revelou naquelas páginas como havia se revelado na companhia de seu amigo.

A decisão de tornar-se escritor foi inspirada pela decepção com aqueles que o cercavam, e no entanto sua literatura estava impregnada da esperança de que alguém, em qualquer outra parte, iria entendê-lo; sua obra destinava-se a todos e a ninguém em particular. Ele estava consciente do paradoxo de revelar seus pensamentos mais íntimos aos estranhos que frequentavam as livrarias:

> Muitas coisas que eu não teria o cuidado de não dizer a um determinado homem digo ao público, e para que conheçam meus pensamentos mais secretos mando meus amigos mais fiéis a uma livraria.

E todavia devemos ser gratos por esse paradoxo. As livrarias são o mais precioso destino para os solitários, dado o número de livros que foram escritos porque seus autores não puderam encontrar ninguém com que conversar.

É possível que Montaigne tenha começado a escrever para abrandar um sentimento pessoal de solidão, mas sua obra pode servir de certa forma para abrandar a nossa própria solidão. Um autorretrato honesto e indefeso, no qual temas como a impotência e a flatulência são abordados, no qual ele escreve sobre a morte de seu amigo e explica que precisa de tranquilidade quando vai

ao banheiro, nos permite sentir menos singulares a respeito de aspectos de nossa personalidade que nunca são mencionados no convívio social cotidiano e nos retratos convencionais, mas que, ao que parece, não deixam de ser parte de nossa realidade.

4

Sobre a inadequação intelectual

Há alguns pressupostos essenciais sobre o que vem a ser uma pessoa inteligente:

O que as pessoas inteligentes devem saber

Um deles, refletido no que é ensinado em muitas escolas e universidades, é que as pessoas inteligentes devem saber resolver questões como:

1. Calcule o valor de x nos triângulos abaixo:

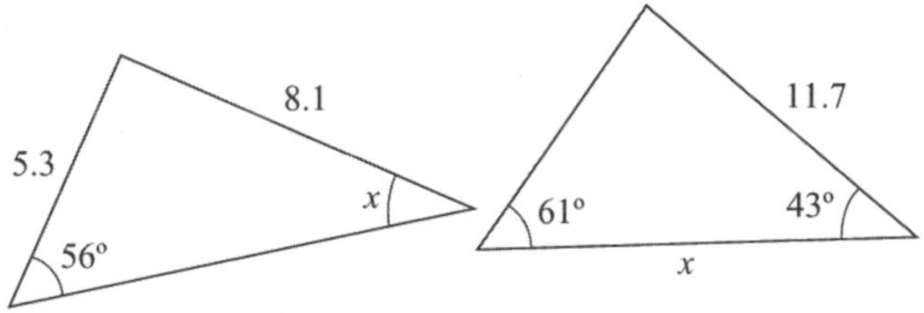

2. Determine o sujeito, o predicado, o verbo que liga o atributo ao sujeito e destaque, se for o caso, os termos acessórios da oração em:

– O cão é o melhor amigo do homem.
– Lucílio é cruel.
– Todos os morcegos pertencem à classe dos roedores.
– Existe alguma coisa verde nesta sala?

3. Qual é a prova da existência do Criador segundo São Tomás de Aquino?

4. Traduza:

> Πᾶσα τέχνη καὶ πᾶσα μέθοδος, ὁμοίως δ᾽ε πρᾶξίς τε καὶ προαίρεσις, ἀγαθοῦ τινὸς ἐφίεσθαι δοκεῖ· διὸ καλῶς ἀπεφήναντο τἀγαθὸν οὗ πάντ᾽ ἐφίεται (διαφορὰ δέ τις φαίνεται τῶν τελῶν· τὰ μ᾽εν γάρ εἰσιν ἐνέργειαι, τὰ δ᾽ε παρ᾽ αὐτὰς ἔργα τινά· ὧν δ᾽ εἰσὶ τέλη τινὰ παρὰ τὰς πράξεις, ἐν τούτοις βελτίω πέφυκε τῶν ἐνεργειῶν τὰ ἔργα.) πολλῶν δ᾽ε πράξεὼν οὐσῶν καὶ τεχνῶν καὶ ἐπιστημῶν πολλὰ γίνεται καὶ τὰ τέλη ἰατρικῆς μ᾽εν γὰρ ὑγίεια, ναυπηγικῆς δ᾽ε πλοῖον, οτρατηγικῆς δ᾽ε νίκη, οἰκονομικῆς δ᾽ε πλοῦτος.
> (Aristóteles, *Ética a Nicômaco*, I i-iv)

5. Traduza:

> *In capitis mei levitatem iocatus est et in oculorum valitudinem et in crurum gracilitatem et in staturam. Quae contumelia est quod apparet audire? Coram uno aliquid dictum ridemus, coram pluribus indignamur, et eorum aliis libertatem non relinquimus, quae ipsi in nos dicere adsuevimus; iocis temperatis delectamur, immodicis irascimur.*
> (Sêneca, *Sobre a constância*, XVI. 4)

Montaigne enfrentou muitas perguntas como essas e saiu-se muito bem. Ele estudou em um dos mais conceituados estabelecimentos de ensino da França, o Collège de Guyenne, em Bordeaux, fundado em 1533 para substituir o antigo e insatisfatório Collège des Arts. Quando, aos seis anos de idade, ele começou a frequentar a instituição, ela já havia alcançado reputação nacional como um centro de excelência. Compunham o corpo docente o erudito diretor André de Gouvéa, Nicolas de

Grouchy, um renomado especialista em grego, o especialista em Aristóteles Guillaume Guerente e o poeta escocês George Buchanan.

Para tentar definir a filosofia de ensino que servia de sustentáculo ao Collège de Guyenne, ou, na realidade, à maioria das escolas e universidades que o antecederam e o sucederam, bastaria sugerir que ela se baseava na ideia de que quanto mais o aluno aprendesse sobre o mundo (história, ciências, literatura), melhor. Entretanto, Montaigne, depois de submeter-se ao currículo da instituição até a graduação, acrescentou uma cláusula importante:

> Se o homem fosse sábio, mediria o verdadeiro valor de qualquer coisa de acordo com a sua utilidade e pertinência em sua vida. Somente o que nos faz sentir melhor merece ser compreendido.

Provavelmente, dois grandes pensadores da Antiguidade tiveram proeminência no currículo do Collège de Guyenne e foram considerados modelos de inteligência. Os alunos devem ter sido apresentados aos *Primeiros* e *Segundos analíticos* de Aristóteles, em que este deu início ao estudo da lógica e afirmou que se A implica B e B implica C, então A implica todo e qualquer C. Aristóteles argumentava que se uma proposição afirma ou nega P de S, então S e P são termos, com P sendo o predicado e S o sujeito, e acrescentou que todas as proposições são universais ou particulares, afirmando ou negando P de todo S ou parte de S. O erudito romano Marco Terencio Varro teve de montar uma biblioteca para Júlio César e escreveu seiscentos livros, entre eles uma enciclopédia de ciências humanas e 25 livros sobre etimologia e linguística.

Montaigne não ficou indiferente. Escrever uma prateleira inteira de livros sobre as origens das palavras e descobrir proposições universais afirmativas são duas façanhas dignas de nota. No entanto, se descobríssemos que aqueles que o fizeram não eram mais felizes ou eram um pouco mais infelizes do que os que nunca ouviram falar em lógica filosófica, ficaríamos admirados. Montaigne analisou a vida de Aristóteles e Varro, e levantou a seguinte questão:

> Que benefícios tanta erudição trouxe a Varro e a Aristóteles? Ela os livrou das mazelas humanas? Ela os aliviou de infortúnios como o de nascer um homem ordinário? A lógica teve o poder de os consolar dos sofrimentos causados pela gota [...]?

Para melhor compreender por que ambos foram ao mesmo tempo tão eruditos e tão infelizes, Montaigne fez uma distinção entre duas categorias de conhecimento: o saber e a sabedoria. Na primeira, ele relacionou, entre outros assuntos, a lógica, a etimologia, a gramática, o latim e o grego. A segunda foi destinada a um tipo de conhecimento mais amplo, mais impalpável e mais valioso, ou seja, tudo o que poderia ajudar o ser humano a viver bem, o que para Montaigne significava ter uma vida feliz e ética.

Apesar de seu corpo docente, o Collège de Guyenne apresentava um problema: era excepcional na difusão do saber mas falhava completamente em partilhar a sabedoria, repetindo, no plano institucional, os erros que haviam marcado as vidas privadas de Varro e Aristóteles:

> É com satisfação que retomo o tema dos absurdos de nossa educação: sua finalidade não é nos tornar melhores e mais sábios e sim fazer de nós pessoas cultas. E esse objetivo tem sido atingido. Não somos ensinados a buscar a virtude e abraçar a sabedoria: devemos aprender a derivação e a etimologia de tais palavras [...] Não hesitamos

em perguntar: "Fulano sabe grego ou latim? Ele sabe escrever em verso e prosa?". Mas a pergunta mais importante vem por último: "Ele se tornou uma pessoa melhor e mais sábia?". Devemos descobrir não quem sabe mais e sim quem sabe melhor. Nosso esforço se concentra apenas em encher a memória, e não deixamos espaço para o entendimento da vida e da noção de certo e errado.

Montaigne nunca foi bom desportista: "Na dança, no tênis e na luta adquiri algumas noções e uma habilidade medíocre; e na natação, na esgrima e na equitação não fui capaz de adquirir habilidade alguma". Não obstante, a objeção que fazia ao sistema educacional vigente era tão forte que ele não relutou em sugerir uma alternativa drástica que afastasse a juventude francesa da sala de aula.

Já que nossos espíritos não progridem e não conseguimos atingir uma capacidade de discernimento mais saudável, prefiro, então, que o aluno passe o tempo jogando tênis.

Ele naturalmente teria preferido que os alunos frequentassem a escola, mas uma escola que lhes ensinasse a sabedoria em vez da etimologia da palavra e que fosse capaz de corrigir uma antiga tendenciosidade intelectual voltada para questões abstratas. Na Ásia Menor, Tales de Mileto foi um dos primeiros exemplos reverenciados através dos tempos por ter tentado, no século VI a.C., medir o firmamento e por ter determinado a altura da Grande Pirâmide do Egito por meio do teorema dos triângulos semelhantes – uma realização complicada e fascinante, sem dúvida, mas não o que Montaigne gostaria de ver predominar em seu currículo. Ele se sentia mais atraído pela filosofia da educação implícita na crítica de uma moça atrevida, de Tales:

> Sempre nutri um sentimento de gratidão por uma certa moça de Mileto que, ao ver o filósofo da região [...] com os olhos pregados no firmamento, constantemente absorto na contemplação da abóbada celeste, o fez tropeçar para alertá-lo de que lhe sobraria tempo suficiente para ocupar sua mente com coisas além das nuvens desde que ele atentasse para o que acontecia debaixo de seu nariz [...] Pode-se igualmente censurar todos aqueles que vivem voltados para a filosofia: eles esquecem de olhar onde pisam.

Montaigne percebeu em outras áreas uma tendência semelhante a privilegiar feitos notáveis e preterir aqueles mais despretensiosos, e nem por isso menos importantes. Assim como a moça de Mileto, ele tentou trazer-nos de volta à Terra:

> Tomar de assalto uma trincheira, dirigir uma embaixada, governar uma nação são feitos brilhantes. Rir, criticar, comprar, vender, amar, odiar; conviver em harmonia com a família e consigo próprio, sem ser relapso ou insincero consigo mesmo, são as coisas mais marcantes, as mais raras e mais difíceis. Não importa o que se diga, estas vidas anônimas cumprem tarefas cujo grau de dificuldade e tensão é, no mínimo, idêntico ao daqueles que realizaram grandes feitos.

Portanto, que tipo de ensinamento Montaigne teria desejado que fosse ministrado nas escolas? E que espécie de prova poderia ser capaz de avaliar uma inteligência voltada para a sabedoria que ele tinha em mente, afastada das habilidades mentais dos infelizes Aristóteles e Varro?

Os exames teriam levantado questões sobre os desafios da vida cotidiana: o amor, o sexo, a doença, a morte, os filhos, o dinheiro e a ambição.

Um exame para a sabedoria segundo Montaigne

1. Cerca de sete ou oito anos atrás, a aproximadamente duas léguas daqui, havia um aldeão, que ainda hoje está vivo; os ciúmes da mulher atormentavam-lhe a vida há muito; certa vez, ao retornar do trabalho, foi recebido pela mesma ladainha de sempre; ficou tão enlouquecido que usou a foice que ainda trazia nas mãos para decepar a própria genitália, que motivava tanta discórdia e exaltação em sua mulher, e a arremessou em sua direção. (*Ensaios*, II. 29.)

a) Como devem ser resolvidas as disputas domésticas?

b) A esposa estava reclamando ou expressando seu afeto pelo marido?

2. Leia atentamente as duas citações abaixo:
Quero que a morte me encontre plantando meus pés de repolho, sem me preocupar com eles ou com a jardinagem ainda por acabar. (*Ensaios*, I. 20.)
Mal consigo distinguir meus repolhos de minhas alfaces. (*Ensaios*, II. 17.)

Qual a maneira mais sábia de se encarar a morte?

3. Talvez seja mais simples e mais frutífero fazer com que uma mulher aprenda cedo qual é a realidade da vida [o tamanho do pênis], em vez de lhe permitir fazer conjecturas que correspondem à licenciosidade de uma imaginação exaltada: em lugar de nosso órgão como de fato é, suas expectativas e desejos levam-nas à extravagância de substituí-lo por outro três vezes maior [...]

Quanto prejuízo advém dessas pichações que os meninos espalham pelos corredores e escadarias dos palácios e que tentam reproduzir genitálias gigantescas! Delas resulta um cruel equívoco a respeito das potencialidades de nossa capacidade física. (*Ensaios*, III. 5.)

Como deve um homem, com uma "pequena realidade da vida", abordar este assunto?

4. Sei do fidalgo que desfrutava de boa companhia em sua mansão quando, quatro ou cinco dias depois, no intuito de fazer graça (pois nada havia de verdade nisso), fez os convidados comerem torta de gato; uma das jovens damas presentes na festa foi tomada de tal horror que, tendo sucumbido a um grave distúrbio gástrico e febre, foi impossível salvá-la. (*Ensaios*, I. 21.)

   Analise a imputação de responsabilidade moral.

5. Se o hábito de falar sozinho não fosse considerado loucura, eu não passaria um único dia sem minha própria voz voltar-se contra mim: "Ah, imbecil duma figa!". (*Ensaios*, I. 38.)

   A mais inculta das nossas aflições é desprezar nosso ser. (*Ensaios*, III.13)

   Quanto amor deve ser dado a si mesmo?

Avaliar as pessoas com o fim de medir a sabedoria em vez do saber provavelmente resultava em uma redefinição imediata da hierarquia da inteligência – e o surgimento de uma elite surpreendentemente nova. Montaigne deleitava-se com a perspectiva de ver pessoas incoerentes, que seriam agora consideradas inteligentes, no lugar dos enaltecidos e frequentemente indignos candidatos tradicionais.

A vida já me concedeu a oportunidade de encontrar centenas de artesãos e lavradores mais sábios e mais felizes do que muitos reitores.

Que tipo de discurso e de postura as pessoas inteligentes devem adotar

Costumamos supor que estamos diante de um livro muito inteligente quando não conseguimos compreendê-lo. Afinal, as ideias profundas não podem ser explicadas na linguagem infantil. Todavia, a associação entre dificuldade e profundidade pode ser menos generosamente descrita como a manifestação, na esfera literária, de uma perversidade que pertence à esfera emocional, segundo a qual as pessoas que são misteriosas e evasivas podem inspirar na mente simples um respeito que os francos e confiáveis não suscitam.

Montaigne não tinha o menor escrúpulo em admitir sua dificuldade com os livros misteriosos: "Não consigo lidar com eles por muito tempo", escreveu ele. "Prefiro aqueles que são fáceis, agradáveis de ler e despertam meu interesse."

> Nunca me disponho a gastar meus neurônios por coisa alguma, nem mesmo em nome do conhecimento, por mais precioso que ele venha a ser. Dos livros, espero ape-

> nas que sejam um passatempo honesto e me proporcionem momentos de prazer [...] Sempre que abro um livro e deparo-me com um trecho difícil, não me deixo consumir pela ansiedade: depois de uma ou duas tentativas, desisto do esforço [...] Se um livro me enfastia, pego outro.

Vinda de um homem que tinha mil volumes em sua biblioteca e um conhecimento enciclopédico da filosofia grega e latina, tal declaração pode parecer um contrassenso ou revelar uma postura um tanto jocosa. Se Montaigne gostava de se apresentar como um cavalheiro obtuso, propenso à sonolência durante a leitura de um texto filosófico, havia um objetivo nessa dissimulação. A insistência em alegar preguiça e lentidão era uma tática para primar uma concepção distorcida de inteligência e qualidade da escrita.

Montaigne pretendia sugerir que não existe uma razão legítima para que os livros sobre a humanidade devam ser difíceis ou enfadonhos: a sabedoria não requer um vocabulário ou uma sintaxe especializada, nem traz qualquer benefício a um público enfastiado. Se for usado com cuidado, o tédio pode ser um indicador valioso do mérito dos livros. Embora ele não possa jamais ser um juiz adequado (e, em suas formas mais degeneradas, resvale com rapidez para uma indiferença ou impaciência obstinadas), levar em consideração nossos graus de enfado pode amenizar o que poderia ser uma tolerância excessiva à tolice. Aqueles que não dão atenção ao tédio que sentem quando estão lendo, assim como os que não dão atenção à dor, podem estar intensificando desnecessariamente seu sofrimento. Sejam quais forem os perigos de se sentir erroneamente enfastiado, eles equivalem às ciladas se nunca nos concedermos o direito de perder a paciência com nosso material de leitura.

Toda obra complexa nos oferece uma escolha: devemos, ou não, julgar o autor inepto por não ser claro ou devemos nos julgar estúpidos por não conseguirmos captar o que está acontecendo? Montaigne nos encorajou a responsabilizar o autor. É mais provável que um estilo incompreensível tenha resultado mais da preguiça do que da inteligência: um texto que se lê com facilidade raramente é escrito dessa forma. Ou então a prosa mascara uma falta de conteúdo; ser ininteligível oferece uma proteção sem paralelo contra o fato de não se ter nada a dizer:

> A obscuridade é uma moeda que o erudito conjura para não revelar a vacuidade de seus estudos e que a estupidez humana está inclinada em aceitar como pagamento.

Não há nenhuma razão para os filósofos usarem palavras que soariam deslocadas nas ruas e nos mercados:

> Assim como no vestir, a linguagem revela uma mente fútil que busca chamar a atenção para um estilo pessoal e incomum. Buscar novas expressões e palavras pouco conhecidas revela uma adolescente ambição livresca. Quem me dera limitar-me às palavras usadas em Les Halles, em Paris.

Mas escrever com simplicidade requer coragem, por existir o risco de se ser menosprezado, considerado simplório pelos que insistem em acreditar que a prosa intragável é um sinal de inteligência. Tão forte é esta tendenciosidade que Montaigne perguntou-se se a maioria dos catedráticos teria respeitado Sócrates, um homem que reverenciavam acima de todos os outros, se ele os tivesse abordado em suas próprias cidades, sem o prestígio dos diálogos de Platão, em sua túnica suja, falando em uma linguagem simples:

> Os diálogos de Sócrates, que seus amigos legaram à posteridade, recebem nosso beneplácito apenas porque nos deixamos intimidar pela aprovação geral que receberam. Não usamos nossos próprios recursos intelectuais para julgá-los, pois nunca fizeram parte de nossos hábitos. Se, na época em que vivemos, alguém viesse a produzir algo semelhante, poucos seriam aqueles que lhe reconheceriam o valor. Não somos capazes de apreciar virtudes que não são destacadas ou ampliadas por artifício. Tais virtudes, rotuladas ou sob a capa de singeleza ou simplicidade, escapam com facilidade a um discernimento tão superficial quanto o nosso [...] Para nós, não seria a singeleza um parente próximo da simplicidade de espírito e uma qualidade digna de críticas? Sócrates tinha a mesma espontaneidade do homem comum: por conseguinte, falava como um camponês; falava como uma mulher [...] Suas induções e comparações baseavam-se nas atividades humanas mais comuns e mais conhecidas; todos eram capazes de compreendê-lo. Nos dias de hoje, nenhum de nós discerniria a nobreza e o esplendor de seus conceitos surpreendentes, expressos de forma tão simples; nós, que julgamos inferior e banal o que não é revestido de erudição e que só percebemos a riqueza quando ela se faz acompanhar da pompa.

É necessário e fundamental que se levem a sério os livros, mesmo quando seu conteúdo é claro e seu estilo atraente – e, por extensão, não devemos nos deixar intimidar e nos considerar tolos se, devido a um rombo em nosso orçamento ou a uma lacuna em nossa instrução, nossas túnicas forem modestas e nosso vocabulário não for maior do que o de um barraqueiro de Les Halles.

O que as pessoas inteligentes devem saber

Pessoas inteligentes devem estar a par dos fatos e, se não estiverem e cometerem a tolice de compreender mal alguma informação que extraíram dos livros, elas não devem esperar piedade dos eruditos, pois eles encontrariam motivos para voltarem-se contra o pobre incauto e cortar-lhe bruscamente a palavra, sem deixar de ressaltar, com ares de superioridade, que uma determinada data está errada ou uma palavra foi citada incorretamente, uma passagem está fora de contexto ou que uma fonte importante foi omitida.

No entanto, segundo a concepção de inteligência de Montaigne, o que importam em um livro são seu grau de utilidade e a sua pertinência com relação à vida; há menos valor na capacidade de se compreender com exatidão o que Platão escreveu ou o que Epicuro pretendeu transmitir se o que eles disseram é interessante e pode amenizar a ansiedade e a solidão de uma madrugada insone. A responsabilidade dos autores humanistas não envolve uma precisão quase científica e sim a saúde e a felicidade. Montaigne expressou sua irritação:

> Os catedráticos, cuja preocupação é julgar desfavoravelmente os livros, não reconhecem outro valor que não seja o saber e não permitem qualquer outra atividade intelectual que não seja a cultura e a erudição. Pobre daquele que confundir um Cipião com o outro; não lhe sobrará nada a dizer que valha a pena. Para eles, não conhecer Aristóteles é o mesmo que não conhecer a si próprio.

Os próprios *Ensaios* trazem citações erradas, atribuições de autoria equivocadas, derivações ilógicas de argumentos e insuficiências na definição de alguns termos. O autor parecia não se importar:

> Escrevo no isolamento da minha casa de campo, onde ninguém pode me ajudar ou me corrigir e onde as pessoas que costumo visitar não sabem sequer rezar o Pai-Nosso em latim, quanto mais dominar corretamente o francês.

Naturalmente havia erros em sua obra ("Cometo-os com frequência", ele costumava orgulhar-se), mas não eram suficientes para invalidar os *Ensaios*, assim como a fidedignidade não lhe garantia o valor. Escrever algo cujo objetivo não fosse elucidar o leitor para que ele atingisse a sabedoria era um pecado mais grave do que confundir Cipião Emiliano (c. 185-129 a.C.) com Cipião, o Africano (236-183 a.C.).

Onde as pessoas inteligentes buscam inspiração

Com pessoas ainda mais inteligentes que elas. Elas devem investir seu tempo na pesquisa de citações e na produção de comentários sobre grandes autoridades que ocupam os ramos superiores da árvore do conhecimento. Cabe a elas escrever tratados sobre o pensamento moral de Platão ou sobre a ética de Cícero.

Montaigne recorria muito a essa ideia. Havia frequentes comentários nos *Ensaios*, e centenas de citações de autores que Montaigne reconhecia terem apreendido certas questões com mais elegância e mais precisão do que ele próprio era capaz. Nos *Ensaios* há 128 citações de Platão, 149 de Lucrécio e 130 de Sêneca.

É tentador citar autores quando eles expressam exatamente o que pensamos com uma clareza e acuidade psicológica de que não somos capazes. Eles nos conhecem melhor do que nós próprios nos conhecemos e formulam de maneira elegante e sucinta ideias que para nós eram incipientes e conceitos que não conseguimos delinear; fazemos anotações nas margens e sublinhamos trechos que julgamos interessantes, demonstrando onde encontramos um pouco de nós mesmos, uma ou duas frases da verdadeira essência de nossas mentes – uma congruência que se torna ainda mais surpreendente se a obra foi escrita em uma era de togas e sacrifícios de animais. Convidamos essas palavras a entrar em nossos livros como uma homenagem àqueles que nos fazem lembrar quem somos.

Mas, em vez de iluminar nossas experiências e nos conduzir em direção a nossas próprias descobertas, os grandes livros podem nos lançar em uma obscuridade problemática. Podem até nos levar a renegar aspectos da nossa existência dos quais não encontramos um testemunho impresso. Longe de expandir nossos horizontes, eles podem injustamente vir a delimitá-los. Montaigne conhecia um homem que dava mostras de ter pagado um preço muito alto por sua bibliofilia:

> Sempre que peço a esse meu amigo que me diga o que sabe a respeito de determinado assunto, ele quer me mostrar um livro; ele jamais ousaria me contar que sofre de prurido anal sem antes recorrer a um dicionário para conferir o significado das palavras *prurido* e *anal.*

Semelhante relutância em confiar em nossas próprias experiências extraliterárias poderia não ser grave se os livros fossem uma fonte segura de expressão de todas as nossas potencialidades e se eles conhecessem todos os nossos pruridos. Mas, como Montaigne reconheceu, os grandes livros se calam diante de um número excessivo de temas. Se nós permitirmos que definam as fronteiras de nossa curiosidade, eles irão inibir nosso desenvolvimento intelectual. Um conhecimento travado na Itália consolidou seu ponto de vista:

> Em Pisa, conheci um homem honrado tão aristotélico que a mais elementar de suas doutrinas tinha por base

afirmar que a pedra de toque e o termômetro de todas as ideias bem fundamentadas deviam estar em conformidade com os ensinamentos de Aristóteles. Se não estivessem, eram ideias vãs e quiméricas: Aristóteles havia visto tudo, feito tudo.

Ele tinha, é claro, feito e visto muita coisa. De todos os pensadores da Antiguidade, Aristóteles talvez tenha sido o mais abrangente. Sua obra engloba todo o panorama do conhecimento (*Sobre a geração e a corrupção*, *Sobre o céu*, *Meteorologia*, *Tratado da alma*, *Sobre as partes dos animais*, *Sobre o movimento dos animais*, *Sobre as refutações sofísticas*, *Ética*, *Física*, *Política*).

Mas é exatamente essa gama de conquistas aristotélicas que legou uma herança problemática. Alguns autores são inteligentes demais para nós. Por terem dito tanto, parecem ter tido a última palavra. Sua genialidade inibe a noção de irreverência que é vital para o trabalho criativo de seus sucessores. Aristóteles, paradoxalmente, pode ter impedido aqueles que mais o respeitam de seguir seu exemplo. Sua notoriedade deveu-se apenas ao fato de ter lançado algumas dúvidas sobre o conhecimento desenvolvido por seus predecessores, não por ter se recusado a ler Platão ou Heráclito, mas por ter construído uma crítica consistente de suas falhas, baseada na apreciação de seus pontos fortes. Agir de acordo com um verdadeiro espírito aristotélico, como Montaigne percebeu e o homem de Pisa não, é saber divergir com inteligência até mesmo das autoridades mais reconhecidas.

É, no entanto, compreensível que se prefira citar e comentar o que já foi dito a falar e pensar por si mesmo. Um comentário sobre um livro de alguém, embora tecnicamente trabalhoso, revelando horas de pesquisa e exegese, está isento dos cruéis ataques que podem recair sobre obras originais. Os estudiosos podem ser criticados por não terem conseguido fazer justiça às ideias de grandes pensadores, mas não podem ser responsabilizados pelas próprias ideias – motivo pelo qual Montaigne incluiu tantas citações e comentários nos *Ensaios*:

> Às vezes recorro a outros autores para que digam o que não consigo expressar com a mesma propriedade devido às minhas deficiências de linguagem ou à minha pobreza intelectual [...] [e] às vezes [...] por temer o julgamento precipitado daqueles que não hesitam em atacar os escritos de qualquer tipo, especialmente aqueles cujos autores ainda vivem [...] Tenho de esconder minhas deficiências sob aqueles que alcançaram grande reputação.

É surpreendente constatar que as chances de sermos levados a sério aumentam consideravelmente alguns séculos após a nossa morte. Declarações que poderiam ser aceitáveis quando se originam da pena de autores antigos correm o risco de atrair o ridículo quando são expressas por contemporâneos. Os críticos não estão dispostos a se curvar perante as mais grandiosas declarações daqueles que dividiram com eles os bancos universitários. Não são esses os indivíduos que podem expressar opiniões *como se fossem filósofos da Antiguidade.* "Ninguém escapa de pagar o ônus de ter nascido", afirmou Sêneca, mas um homem que tivesse chegado à mesma conclusão em uma época mais recente não seria aconselhado a fazer semelhante declaração, a menos que manifestasse um gosto especial pela humilhação. Montaigne, que não desejava ser humilhado, precaveu-se e, nas últimas páginas dos *Ensaios*, fez uma confissão referente a sua vulnerabilidade:

> Se eu tivesse tido confiança de fazer o que realmente queria, teria usado minhas próprias palavras, sem me importar com as consequências.

A insegurança de Montaigne originava-se da certeza de que suas ideias podiam não receber de seus contemporâneos o mesmo tratamento e a mesma legitimidade que as de Sêneca e Platão:

> Meus conterrâneos da Gasconha acham estranho ver minhas ideias transformadas em livro. Sou mais valorizado à medida que minha fama ultrapassa cada vez mais as fronteiras do meu lugar de origem.

No comportamento de sua família e da criadagem, os que o ouviam roncar ou trocavam-lhe a roupa de cama, nada havia da reverência de sua receptividade em Paris, e menos ainda postumamente:

> Mesmo que um homem venha a se tornar um portento aos olhos do mundo, sua esposa e seu camareiro continuarão a não perceber nada de extraordinário nele. Poucos homens foram maravilhas para suas famílias.

Podemos dar a essa observação duas interpretações: ninguém é de fato maravilhoso, mas apenas sua família e sua criadagem são íntimos o suficiente para perceber tal verdade frustrante, ou muitas pessoas são interessantes, mas o fato de lhes sermos contemporâneos nos torna propensos a não levá-las tão a sério, por conta de uma curiosa tendenciosidade contra o que está ao alcance de nossa mão.

Montaigne não estava sendo autopiedoso; em vez disso, estava usando a crítica a obras contemporâneas mais ambiciosas como um sintoma de um impulso deletério de se achar que a verdade tem sempre de ser encontrada longe de nós, em outro clima, em uma biblioteca antiga, nos livros de autores de épocas remotas. Trata-se de uma questão de se decidir se o acesso a coisas verdadeiramente valiosas está limitado a um punhado de gênios surgidos no período entre a construção do Partenon e o saque de Roma ou se, como Montaigne ousava propor, elas estão disponíveis também para você e para mim.

Uma fonte de sabedoria muito singular estava sendo ressaltada, mais singular do que o porco navegador de Pirro, um índio tupi ou um lavrador da Gasconha: o leitor. Se dermos a devida atenção a nossas experiências e aprendermos a nos considerar candidatos plausíveis a uma vida intelectual, está, sugeriu Montaigne, aberta a todos nós a capacidade de insights não menos profundos do que aqueles encontrados nas grandes obras da Antiguidade.

Trata-se de uma ideia difícil de ser aceita. Somos educados para associar a virtude à submissão a autoridades textuais, em vez de a uma investigação dos volumes que transcrevemos em nosso íntimo por nossos mecanismos de percepção. Montaigne tentou nos fazer recorrer a nós mesmos:

> Sabemos dizer "Foi Cícero quem disse isto"; "Este é o conceito de moral, segundo Platão"; "São estas as *ipsissima verba* de Aristóteles". Mas o que nós temos a dizer? Que julgamentos fazemos? O que estamos fazendo? Um papagaio pode falar tão bem quanto nós.

Repetir como papagaio não seria exatamente a maneira que um erudito usaria para descrever o que o leva a escrever um texto analítico. Uma gama de argumentações poderia mostrar o valor de se produzir uma exegese do pensamento moral de Platão ou da ética de Cícero. Montaigne enfatizou a covardia e o tédio de tal atividade. Obras secundárias requerem um talento menor ("A inventividade não se compara em importância à mera citação"), a dificuldade é técnica, uma questão de paciência e uma biblioteca silenciosa. Além do mais, muitos dos livros que a tradição acadêmica nos encoraja a citar como papagaios não são em si obras fascinantes. Eles receberam um lugar de destaque nos currículos universitários porque são obras de autores de prestígio, enquanto outros temas tão ou mais válidos ficam no ostracismo porque nenhuma autoridade intelectual se deu ao trabalho de elucidá-los. A relação da arte com a realidade sempre foi considerada um tema filosófico sério, em parte porque Platão foi o primeiro a levantá-lo; a relação da timidez com a aparência pessoal não é, em parte porque não atraiu a atenção de nenhum filósofo da Antiguidade.

Com base nesse respeito inusitado pela tradição, Montaigne julgou ser relevante admitir para seus leitores que, na realidade, ele achava que Platão poderia ser limitado e enfadonho:

> Será que a liberdade da época em que vivemos irá perdoar o audacioso sacrilégio que cometo ao julgar maçantes [seus] *Diálogos*, que se arrastam e delimitam seu próprio tema, e ao lamentar que um homem capaz de dizer coisas mais importantes tenha perdido tanto tempo com debates infindáveis e inúteis?

(Há um certo alívio ao constatar esse pensamento em Montaigne, um autor de prestígio dando crédito a suspeitas tímidas e silenciosas sobre outro.) Com relação a Cícero, não houve sequer necessidade de desculpar-se antes de atacá-lo:

> Os trechos introdutórios, as definições, as subdivisões e etimologias consomem grande parte de sua obra [...] Se eu dedicar uma hora a sua leitura (o que é muito para mim) e em seguida tentar relembrar a essência do que li ou do que consegui apreender, na maioria das vezes nada me vem à mente.

O fato de os eruditos dedicarem tanta atenção aos clássicos devia-se, segundo Montaigne sugeriu, a um desejo nascido da vaidade de ser considerado inteligente por intermédio de sua associação com nomes de prestígio. Para o leitor comum, o resultado era uma avalanche de livros eruditos e insensatos:

> Existem mais livros sobre livros do que sobre qualquer outro assunto: tudo o que fazemos é glosar uns aos outros. Tudo não passa de uma enxurrada de comentários; de autores propriamente ditos, há uma escassez absoluta.

Mas Montaigne insistia em afirmar que as ideias interessantes podem ser encontradas na vida de qualquer um. Por mais modesta que seja a nossa história, podemos extrair insights mais importantes de nós próprios do que de todos os livros de outrora:

> Se eu fosse um homem de grande erudição, encontraria o suficiente para tornar-me sábio em minha própria experiência. Todo aquele que traz vivo na mente seu último acesso de fúria [...] percebe a feiura desse sentimento melhor do que em Aristóteles. Qualquer um capaz de lembrar-se dos sofrimentos por que passou, de quem o ameaçou e dos incidentes banais que trouxeram modificações em sua vida está preparado para mutações futuras e para a análise de sua situação. Até mesmo a vida de César é menos exemplar para nós do que a nossa própria; uma vida, imperial ou plebeia, é sempre afetada por todos os percalços a que um homem está sujeito.

Somente uma cultura formal e intimidadora nos faz pensar de outra maneira:

> Cada um de nós é mais rico do que pensa.

Todos nós somos capazes de chegar a sábios pensamentos se deixarmos de nos julgar inadequados à tarefa porque não temos 2 mil anos de idade, não estamos interessados nos diálogos de Platão e levamos uma vida tranquila no campo:

> É possível vincular a filosofia moral em sua totalidade tanto a uma existência anônima e banal como a outra de natureza mais rica.

Talvez tenha sido para demonstrar seu ponto de vista que Montaigne forneceu tantas informações sobre o quanto sua própria vida foi exatamente banal e anônima – porque ele queria nos dizer que:

> *Não gostava de maçã:*
> Não tenho preferência especial [...] por frutas de qualquer espécie, com exceção do melão.
> *Mantinha um relacionamento complexo com os rabanetes:*
> Primeiro achei que os rabanetes combinavam comigo; depois mudei de ideia; agora voltei a achar que combinam.
> *Preocupava-se em manter uma higiene bucal esmerada:*
> Meus dentes [...] sempre foram muito fortes [...] Desde a infância aprendi a esfregá-los com o guardanapo, tanto ao acordar quanto antes e após as refeições.
> *Comia rápido demais:*
> Na pressa, sempre mordo a língua e, de vez em quando, os dedos.
> *Gostava de limpar a boca:*
> Posso passar sem uma toalha de mesa, mas sinto-me mal se faço uma refeição sem a presença de um guardanapo limpo [...] Lamento não ter sempre seguido a moda criada por nossos reis, que exigiam que os guardanapos fossem trocados a cada novo prato.

Trivialidades, talvez, mas metáforas que nos fazem lembrar de que havia um "eu" pensante além de sua obra e de que uma filosofia moral havia-se originado – e, portanto, pode voltar a originar-se – de uma criatura comum, que resistia a comer frutas.

Cícero, 106-43 a.C.

Não precisamos perder o ânimo se, à primeira vista, não guardamos qualquer semelhança com aqueles que no passado dedicaram-se à reflexão.

No novo retrato do ser humano ajustado e semirracional traçado por Montaigne, é possível não saber falar grego, sofrer de flatulência, mudar de ideia após uma refeição, entediar-se com os livros, não conhecer nenhum filósofo da Antiguidade e confundir um Cipião com outro.

Uma existência comum e virtuosa que tenta alcançar a sabedoria, mas evita cometer desatinos, já é realização suficiente.

V

Consolação para um coração partido

1

De todos os filósofos, talvez seja ele o mais indicado para as dores do amor:

Biografia (1788-1860)

1788. Arthur Schopenhauer nasce em Danzig. Na idade adulta, ele relembra com pesar o acontecimento: "Podemos classificar a vida como um episódio que perturba inutilmente a bem-aventurada tranquilidade do nada". "A existência humana deve ser alguma espécie de equívoco", especifica ele, "e dela pode-se dizer: 'Hoje é ruim e a cada dia torna-se pior, até que o pior de tudo aconteça'." O pai de Schopenhauer, Heinrich, é um rico comerciante, e a mãe, Johanna, vinte anos mais moça do que o marido, é uma socialite fútil que pouco se interessa pelo filho. Schopenhauer torna-se um dos maiores pessimistas da história da filosofia: "Já quando eu tinha seis anos, meus pais, ao retornarem de um passeio noturno, encontraram-me mergulhado no mais profundo desespero".

Heinrich Schopenhauer

Johanna Schopenhauer

1803-1805. Logo após o provável suicídio do pai (seu corpo apareceu boiando em um canal próximo ao empório da família), Schopenhauer, então com dezessete anos, recebe uma herança que lhe permite jamais ter de trabalhar. A ideia não lhe traz nenhum consolo. Mais tarde, ele relembra: "Aos dezessete anos, sem nenhuma educação formal, fui assaltado pela *miséria* da vida, da mesma forma que Buda o foi em sua juventude quando teve de presenciar os horrores da doença, da velhice, do sofrimento e da morte. A verdade [...] era que este mundo não poderia ter sido obra de um ser amoroso e sim de um demônio que deu vida a criaturas para comprazer-se diante de seu sofrimento; todos os fatos assim indicam e acredito que esse seja seu rumo".

Schopenhauer é enviado a Londres para aprender inglês em Eagle House, um colégio interno em Wimbledon. Depois de receber uma carta sua, o amigo Lorenz Meyer lhe diz: "Lamento que sua estada na Inglaterra o tenha levado a odiar toda a nação". Apesar do ódio, ele adquire um domínio quase perfeito do idioma, sendo frequentemente confundido com um inglês sempre que conversa com alguém.

Internato Eagle House School, em Wimbledon

Schopenhauer viaja pela França, visita a cidade de Nîmes, onde cerca de 1,8 mil anos antes engenheiros romanos construíram um aqueduto através da majestosa Pont du Gard para garantir água suficiente a seus habitantes. Schopenhauer não se deixa impressionar com o que vê das ruínas romanas: "Estes vestígios nos levam a pensar nos milhares de seres humanos há muito decompostos".

A mãe de Schopenhauer queixa-se da paixão de seu filho pela "análise da miséria humana".

1809-1811. Schopenhauer frequenta a Universidade de Göttingen e decide tornar-se filósofo: "A vida é feita de desolações. Resolvi devotar meus dias à sua reflexão".

Durante um passeio no campo, um amigo lhe sugere que tentem conhecer as mulheres. Schopenhauer rejeita a sugestão com o argumento de que "a vida é tão curta, duvidosa e evanescente que não vale a pena preocupar-se com grandes esforços".

Schopenhauer quando jovem

1813. Ele visita a mãe em Weimar. Johanna Schopenhauer havia se tornado amiga de Johann Wolfgang von Goethe, o habitante mais ilustre da cidade, que a visita com frequência (e gosta de conversar com Sophie, criada de Johanna, e com Adele, irmã mais nova de Arthur). Depois do primeiro encontro, Schopenhauer descreve Goethe como um homem "sereno, sociável, cortês e simpático: louvado seja seu nome para todo o sempre!". Goethe relata: "O jovem Schopenhauer me pareceu um rapaz estranho e interessante". Nunca houve reciprocidade dos sentimentos de Arthur pelo escritor. Quando deixa Weimar, Goethe dedica-lhe um dístico:

Willst du dich des Lebens freuen,
So musst der Welt du Werth verleihen.

Se desejares encontrar prazer na vida,
Deves atribuir valor ao mundo.

Schopenhauer não se deixa impressionar e em seu caderno de notas, ao lado do conselho de Goethe, acrescenta um pensamento de Chamfort: "*Il vaut mieux laisser les hommes pour ce qu'ils sont, que les prendre pour ce qu'ils ne sont pas*". (Melhor aceitar os homens pelo que são do que supor que sejam o que não são.)

1814-1815. Schopenhauer muda-se para Dresden e escreve uma tese (*Sobre a quádrupla raiz do princípio de razão suficiente*). Seus amigos são poucos, e ele participa de conversas com expectativas reduzidas: "Às vezes converso com homens e mulheres da mesma forma como uma menina conversa com sua boneca. Ela sabe, é claro, que a boneca não a compreende, mas cria para si mesma a alegria da comunicação, valendo-se de uma autoilusão deliberada e agradável". Ele passa a frequentar uma taberna italiana onde são servidas suas iguarias preferidas – salame veneziano, chouriço e presunto de Parma.

1818. Termina *O mundo como vontade e representação*, que sabe ser uma obra-prima. Isso explica a falta de amigos: "Um homem de gênio dificilmente consegue ser sociável, pois que tipo de diálogo poderia ser tão inteligente e divertido quanto seus próprios monólogos?".

1818-1819. Para celebrar o término da obra, Schopenhauer viaja para a Itália. Ele usufrui dos prazeres da arte, da natureza e do clima, embora seu estado de espírito continue frágil: "Devemos sempre estar atentos ao fato de que todo homem está sujeito a cair em um estado de depressão tal que o impulsione a lançar mão de uma faca ou de um veneno, no intuito de pôr um fim a sua existência; e quem se julga imune a oscilações em seu estado de ânimo pode facilmente ser convencido do contrário por um acidente, uma doença, uma mudança brusca do destino – ou do clima". Ele visita Florença, Roma, Nápoles e Veneza, e conhece várias mulheres atraentes em recepções: "Apaixonei-me por elas – se ao menos elas tivessem se interessado por mim...". A rejeição contribui para inspirar esta opinião: "Somente o intelecto masculino turvado pelo impulso sexual poderia classificar de belo seres de baixa estatura e pernas curtas, ombros estreitos e quadris largos."

1819. *O mundo como vontade e representação* é publicada. São vendidos 230 exemplares. "Toda história de vida é uma história de sofrimento"; "Muito me ajudaria se eu ao menos pudesse livrar-me da ilusão de considerar como meus pares toda uma geração de indivíduos desprezíveis e traiçoeiros".

1820. Em Berlim, Schopenhauer tenta assumir uma cátedra em filosofia. Propõe proferir conferências sobre "A totalidade da filosofia, ou a teoria da essência do mundo e da mente humana". Cinco alunos comparecem. Em um prédio vizinho, ouve-se a voz de Hegel, seu rival, que discursa para uma plateia de trezentas pessoas. Schopenhauer se refere à filosofia hegeliana: "Suas ideias fundamentais são a mais absurda das fantasias, um mundo de pernas para o ar, uma bufonaria filosófica [...] formulada em um desfile de palavras sem nenhum sentido que um bando de idiotas tenta absorver sofregamente; seu jargão [...] é tão repulsivo e disparatado que faz lembrar o delírio dos lunáticos". Tem início, a partir daí, seu desencanto com a vida acadêmica: "Geralmente não ocorre a ninguém que a filosofia tem de ser tratada com seriedade, sobretudo ao conferencista de filosofia, assim como ninguém crê menos no cristianismo do que o papa".

1821. Schopenhauer apaixona-se por Caroline Medon, uma cantora de dezenove anos. O relacionamento prolonga-se intermitentemente por dez anos, mas Schopenhauer não deseja formalizar a união: "Casar significa fazer todo o possível para tornar-se objeto de uma aversão recíproca". Ele, no entanto, nutre simpatias pela poligamia: "Entre as muitas vantagens da poligamia, encontra-se o fato de o marido não precisar se aproximar muito dos sogros, e esse temor atualmente tem impedido inúmeros casamentos. Dez sogras, em vez de apenas uma!".

1822. Nova viagem à Itália (Milão, Florença, Veneza). Antes de partir, ele pede a seu amigo Friedrich Osann que fique atento a "qualquer menção a meu nome em livros, jornais, revistas literárias ou coisas do gênero". A incumbência pouco ocupa o tempo de Osann.

1825. Tendo fracassado como acadêmico, Schopenhauer tenta tornar-se tradutor, mas sua proposta de traduzir Kant para o inglês e, para o alemão, *Vida e opiniões de Tristram Shandy*, é rejeitada pelos editores. Em uma carta, ele revela um desejo melancólico de conquistar "uma posição na sociedade burguesa". Seu desejo jamais se concretizará. "Se algum Deus criou este mundo, eu, então, não gostaria de ser Deus; os infortúnios e sofrimentos me cortariam o coração". Felizmente, o conhecimento do próprio valor lhe serve de consolo nos momentos mais difíceis: "Quantas vezes preciso aprender que [...] em assuntos do dia a dia [...] meu espírito e mente são o que um telescópio representa em um teatro lírico ou um canhão em uma caçada de lebres".

1828. Ele completa quarenta anos. "Depois de seu quadragésimo ano", conforta-se, "qualquer homem de mérito [...] dificilmente se verá livre de uma certa misantropia".

1831. Schopenhauer tem agora 43 anos e mora em Berlim. Mais uma vez considera a hipótese de contrair matrimônio. Suas atenções voltam-se para uma jovem bonita e sensual de apenas dezessete anos, Flora Weiss. Durante um passeio de barco, em uma tentativa de seduzi-la, ele sorri e lhe oferece um cacho de uvas. Mais tarde, Flora confidenciou em seu diário: "Eu não queria as uvas. Senti-me repugnada porque o velho Schopenhauer as havia tocado. Então, as deixei escorregar suavemente para a água às minhas costas". Schopenhauer deixa Berlim a toda a pressa. "A vida não tem um valor intrínseco verdadeiro, mas é mantida em movimento apenas pela necessidade e pelas ilusões."

1833. O filósofo fixa residência em um apartamento modesto em Frankfurt-am-Main, uma cidade de cerca de 50 mil habitantes. Ele descreve a cidade, o centro financeiro da Europa continental, como "pequena, formal e subdesenvolvida, constituída por uma nação de caipiras bairristas, esnobes e debochados, de quem não faço a menor questão de me aproximar".

Agora seus relacionamentos mais próximos são com uma sucessão de poodles que, para ele, têm uma candura e humildade de que carece o ser humano: "Sempre que vejo um animal, sou imediatamente tomado de uma sensação de prazer que me alegra o coração". Ele entrega todo seu afeto a esses poodles, a quem trata de "Sir". O bem-estar dos animais desperta-lhe um grande interesse: "Apesar de demonstrar grande inteligência e ser considerado como o melhor e mais fiel amigo do homem, o cão é mantido por seus donos em uma coleira! Não consigo ver um cão nesse estado sem sentir a mais profunda simpatia por ele e uma profunda indignação por seu dono. Lembro-me com satisfação de uma notícia que li no *The Times* faz algum tempo: um determinado lorde mantinha um cão enorme preso a uma coleira. Um dia, quando passeava em seu jardim, resolveu acariciar o animal, que, ato contínuo, o atacou, provocando ferimentos profundos em toda a extensão de seu braço, e com razão. O que ele quis dizer foi: 'Você não é meu dono, é um demônio que transforma minha curta existência num inferno!'. Espero que o mesmo aconteça com todos que mantêm seus animais acorrentados."

O filósofo adota uma rígida rotina diária. Escreve durante três horas pela manhã, dedica uma hora à flauta (Rossini), depois veste um traje a rigor e dirige-se ao Englischer Hof, no Rossmarkt, para almoçar. Seu apetite é voraz, e ele enfia um enorme guardanapo branco no colarinho. Enquanto come, ignora os outros comensais. Uma vez ou outra, no entanto, trava conversa com alguém durante o café. Um de seus interlocutores o descreve como um homem "cujo mau humor chega a ser cômico, mas, na realidade, é um sujeito inofensivo e de boa índole".

Outro frequentador relata que Schopenhauer costuma vangloriar-se da saúde excelente de seus dentes como evidência de sua superioridade sobre as outras pessoas, ou, segundo suas próprias palavras, sobre os "bípedes comuns".

Depois do almoço, Schopenhauer se recolhe à biblioteca de seu clube, o Casino Society, onde lê o *The Times*, jornal que acha que o informará melhor das desgraças do mundo. No meio da tarde, sai para uma caminhada de duas horas com seu cão pelas margens do rio Meno, resmungando entre dentes. À noite, vai à ópera ou ao teatro, onde com frequência se irrita com a algazarra dos retardatários, dos inquietos e dos afeitos a acessos de tosse, e escreve às autoridades, exigindo medidas rigorosas contra eles. Apesar de ter lido Sêneca e ser seu grande admirador, não concorda com suas teorias sobre o barulho: "Há muito sustento a opinião de que a capacidade do ser humano de não se importar com o barulho é inversamente proporcional a sua capacidade intelectual [...] Aquele que costuma bater portas, em vez de fechá-las naturalmente [...] não só é mal-educado como também vulgar e de mentalidade tacanha [...] Seremos razoavelmente civilizados quando [...] as pessoas não tiverem mais o direito de perturbar a tranquilidade de um ser pensante [...] com seus assobios, gritarias, algazarras, urros e outros tipos de ruídos".

1840. Ele adquire mais um poodle branco e o batiza com o nome de Atma, a alma do mundo dos brâmanes. Sente-se atraído pelas religiões orientais de um modo geral e pelo bramanismo em particular (todas as noites lê algumas páginas dos Upanishades). Segundo ele, os brâmanes são "o mais antigo e mais nobre dos povos", e ameaça despedir a criada, Margaretha Schnepp, quando ela não cumpre suas ordens de tirar a poeira de uma estátua de Buda que mantém em seu gabinete. Passa cada vez mais tempo sozinho. Sua mãe preocupa-se com ele: "Dois meses sem sair do quarto e sem ver uma única pessoa não é uma atitude saudável, meu filho. Isso me entristece. Um homem não pode e não deve isolar-se desta maneira". Ele passa a dormir durante grande parte do dia. "Se a vida e a existência fossem uma condição agradável, todos relutariam em entregar-se ao estado de inconsciência provocado pelo sono e dele despertariam com alegria. Mas acontece justamente o contrário. As pessoas vivem ansiando pela hora de adormecer e, pela manhã, levantam-se da cama de má vontade." Ele justifica seu apetite pelo sono estabelecendo uma comparação entre si próprio e dois de seus pensadores favoritos: "Quanto maior é o desenvolvimento do ser humano, maior será sua necessidade de sono. Montaigne confessa que sempre foi um dorminhoco; afirma ter devotado grande parte de sua vida ao sono; e que, mesmo na velhice, ainda dormia durante oito ou nove horas seguidas. Há menções de que o mesmo teria ocorrido com Descartes".

1843. Schopenhauer muda-se para uma nova casa em Frankfurt, o número 17 de Schöne Aussicht (tradução: Bela Vista), perto do rio Meno, no Centro da cidade. Nesta rua o filósofo irá morar até o fim de seus dias, embora mude-se para o número 16 após uma discussão com o senhorio por causa de seu cachorro.

1844. Publica uma segunda edição e um volume adicional de *O mundo como vontade e representação*. Ele assinala no prefácio: "Minha obra, agora completa, não dedico a meus contemporâneos ou compatriotas. Confiante em seu valor e pertinência, entrego-a à humanidade, sem ignorar que o reconhecimento virá tardiamente, pois é esse o destino inevitável daqueles que são talentosos, sejam quais forem as formas de expressão de seu talento". A obra vende menos de trezentos exemplares: "O maior prazer de nossas vidas consiste em sermos admirados; mas os admiradores não se interessam muito em expressar sua admiração, mesmo quando têm todos os motivos. Portanto, o mais feliz dos homens é aquele que, apesar de tudo, consegue admirar a si próprio com toda sinceridade".

1850. Atma morre. Ele compra um poodle marrom chamado Butz, que logo se torna seu cão preferido. Schopenhauer passa a ser conhecido pelo novo hábito de interromper qualquer conversa para acomodar o cão junto à janela sempre que a banda de algum regimento de cavalaria passa diante de sua casa. As crianças da vizinhança apelidam o animal de "o pequeno Schopenhauer".

1851. Publica *Parerga e paralipomena*, uma coletânea de ensaios e aforismos. Para grande surpresa do autor, o livro torna-se um best-seller.

1853. Sua fama espalha-se por toda a Europa (ele classifica o acontecimento de "a comédia da fama"). As universidades de Bonn, Breslau e Iena passam a oferecer conferências sobre sua filosofia. Recebe cartas de admiradores. Uma mulher da Silésia envia-lhe um poema longo e sugestivo. Um homem da Boêmia diz em uma carta que coloca uma grinalda junto a seu retrato todos os dias. "Depois de condenarem um homem a viver uma vida inteira na insignificância e no ostracismo, eles pensam que basta um rufar de tambores ou um soar de trombetas para tudo se resolver." No entanto, não esconde uma ponta de satisfação: "Será que algum gênio teria conseguido atingir seu objetivo e criar uma obra perene e definitiva se tivesse tomado como estrela-guia o fogo-fátuo da opinião pública, a opinião de mentes comezinhas?". Em sua homenagem, os habitantes de Frankfurt de mentalidade filosófica passam a comprar poodles.

1859. Como a fama atrai mais atenção das mulheres, ele ameniza sua opinião sobre o sexo feminino. De mera "babá e professora ideal para crianças de tenra idade, justamente porque é pueril, tola e medíocre [...] em resumo, uma eterna criança grande", ele agora julga a mulher capaz de demonstrar generosidade e discernimento. Instala-se em seu apartamento uma atraente escultora e admiradora de sua filosofia, Elizabeth Ney – descendente do famoso marechal francês, partidário de Napoleão I –, que chega a Frankfurt em outubro para passar um mês, durante o qual pretende esculpir um busto de Schopenhauer.

"Ela passa todo o dia em minha casa. Quando volto do almoço, tomamos café juntos e passamos alguns momentos sentados no sofá. Sinto-me como se estivesse casado."

1860. A saúde cada dia mais precária indica que o fim se aproxima. "Consigo aceitar a ideia de que em breve os vermes roerão minha carne; mas sinto calafrios só em pensar que mestres em filosofia irão alimentar-se de minha doutrina filosófica." No final de setembro, ao retornar de uma caminhada pela margem do Meno, queixa-se de falta de ar e morre, sem perder a convicção de que "a existência humana seria alguma espécie de equívoco".

***

Assim foi a vida de um filósofo que pode oferecer aos corações uma ajuda ímpar.

2

Uma história de amor contemporânea

COM CARACTERÍSTICAS SCHOPENHAUERIANAS

Durante o trajeto ferroviário entre Edimburgo e Londres, um homem tenta dedicar-se ao trabalho. A cálida tarde de um dia de primavera mal havia começado.

Sobre a mesa a sua frente, repousam uma agenda e várias folhas de papel, um livro está aberto no braço da poltrona. Mas o homem não conseguia concatenar o pensamento desde Newcastle, quando uma mulher entrou no vagão em que viajava e acomodou-se do outro lado do corredor. Depois de contemplar impassível a vista da janela, ela voltou a atenção para uma pilha de revistas. Desde Darlington, parece ler a Vogue. *Suas feições o fazem lembrar do retrato da sra. Høegh-Guldberg, pintado por Christen Købke (embora ele não consiga lembrar nenhum desses nomes), que ele viu e o fez sentir-se estranhamente comovido e triste em um museu na Dinamarca alguns anos antes.*

Mas, ao contrário da sra. Høegh-Guldberg, seus cabelos são curtos e castanhos, e ela usa jeans, tênis e um suéter amarelo--ouro com decote em V sobre uma camiseta. Ele observa que o modelo esportivo do seu enorme relógio digital é desproporcional a seu pulso pálido e coberto de sardas. Ele imagina a própria mão deslizando entre seus cabelos castanhos, acariciando-lhe a nuca, introduzindo-se na manga de seu pulôver. Depois a imagina adormecida a seu lado, os lábios ligeiramente abertos. Imagina-se vivendo com ela em uma casa ao sul de Londres, numa rua ladeada por cerejeiras. Ele especula que ela pode ser violoncelista ou designer gráfica, ou uma médica especializando-se em pesquisa genética. Sua mente concentra-se em estratégias que possam iniciar uma conversa. Pensa em lhe perguntar as horas ou lhe pedir um lápis, perguntar-lhe onde fica o banheiro ou tecer considerações sobre o tempo, interessar-se por uma de suas revistas. Ele anseia por um acidente com o trem, em que seu vagão seria atirado em um daqueles vastos campos de cevada que estavam cruzando. Em meio ao caos, ele a conduziria em segurança para fora do trem e os dois seriam acolhidos pela equipe de salvamento, acomodados em uma barraca, onde lhes seria

servido um chá morno e eles trocariam longos olhares. Anos mais tarde, atrairiam o interesse das pessoas quando revelassem que se conheceram durante uma trágica colisão do Expresso de Edimburgo. Mas como o trem não parece propenso a descarrilar, e embora saiba que é uma insensatez e um absurdo, o homem dá um pigarro e se curva para perguntar àquele anjo se ela teria uma caneta esferográfica. Ele se sente como se estivesse saltando de uma ponte muito alta.

1. Tradicionalmente, os filósofos não têm se deixado impressionar. Atribulações amorosas parecem infantis demais para merecer investigação, tema mais apropriado aos poetas e histéricos. Não cabe aos filósofos especular sobre a ocorrência de mãos entrelaçadas e cartas perfumadas. Essa indiferença intrigava Schopenhauer:

> Não deixa de ser surpreendente constatar que um assunto que em geral é uma parte importante na vida de um homem tenha sido, até o presente momento, praticamente desprezado pelos filósofos e permaneça diante de nós como uma matéria-prima jamais trabalhada.

O descaso parecia resultar de uma negação arrogante de um aspecto que violava a imagem de ser racional que um homem tem. Ele insistiu na realidade constrangedora:

> O amor [...] interrompe a cada momento o mais sério dos trabalhos e algumas vezes deixa perplexos, mesmo que por alguns instantes, os cérebros mais geniais. Ele não hesita [...] em interferir nos negócios do estadista e nas investigações do intelectual. Ele sempre encontra meios furtivos de introduzir seus bilhetes apaixonados e cachos de cabelos do ser amado até mesmo nas pastas ministeriais e nos manuscritos filosóficos [...] Ocasionalmente, exige o sacrifício da [...] saúde, dos bens, da posição social ou da felicidade.

2. Assim como o ensaísta da Gasconha, 255 anos antes dele, Schopenhauer preocupava-se em analisar os motivos que levavam o homem – supostamente a mais racional das criaturas – a permitir que a insensatez o dominasse. Na biblioteca de seu apartamento da Schöne Aussicht, havia um exemplar da obra de Montaigne. Schopenhauer leu que a razão podia ser destronada por uma flatulência intestinal, uma refeição indigesta ou uma unha encravada e concordou com Montaigne, segundo o qual nossa mente é subserviente ao nosso corpo, mesmo que nossa arrogância nos leve a acreditar no oposto.

3. Mas Schopenhauer foi mais longe. Em vez de recorrer a exemplos vagos para comprovar a derrota da razão, deu nome a uma força interior que, segundo ele, sobrepujava-se invariavelmente à razão, uma força poderosa o bastante para distorcer toda e qualquer capacidade de discernimento ou planejamento. Ele a denominou de vontade de viver (*Wille zum Leben*), definida como um impulso inerente ao ser humano a permanecer vivo e reproduzir. A vontade de viver obrigava mesmo os que sofriam de depressão a lutar pela sobrevivência quando eram ameaçados por uma calamidade ou por uma doença grave. E dela não escapavam sequer os intelectuais ou os arrivistas, que se deixavam seduzir pelo balbucio irresistível de um bebê. Mesmo quando os encantos de um recém-nascido não eram suficientes, o desejo de perpetuação da espécie os levava a conceber filhos e amá-los incondicionalmente. E era a vontade de viver que levava os homens a perder a razão sempre que o acaso promovia o encontro com passageiras atraentes durante uma longa viagem de trem.

4. É bem provável que as decepções amorosas tenham causado sofrimentos ao filósofo (oferecer uvas a uma

mocinha ginasiana não é uma tarefa fácil), mas ele se recusava a encará-las como algo inesperado ou descabido. Isso era compatível com a vida sentimental:

> Por que tanta balbúrdia? Qual o motivo de tanta insistência e estardalhaço, tanto afã e angústia? [...] Por que uma ninharia como esta exerce um papel tão importante [...]? Não devemos nos deter em pormenores insignificantes; ao contrário, a relevância deste assunto está em plena harmonia com a sinceridade e o empenho que lhe dedicamos. Toda relação amorosa tem um objetivo primordial [...] que, na verdade, se sobrepõe a qualquer outro projeto humano. É, portanto, digna de ser encarada com profunda seriedade.

E qual era o objetivo? Não se referia ao companheirismo ou a uma válvula de escape para a tensão sexual. O romantismo domina a vida porque:

> O que caracteriza esse objetivo é nada menos que a criação da próxima geração [...] a existência e a organização específica da raça humana no futuro.

É porque o amor nos impele com tal força para a segunda das grandes injunções da vontade de viver que Schopenhauer julgou-a a mais inevitável e incompreensível de nossas obsessões.

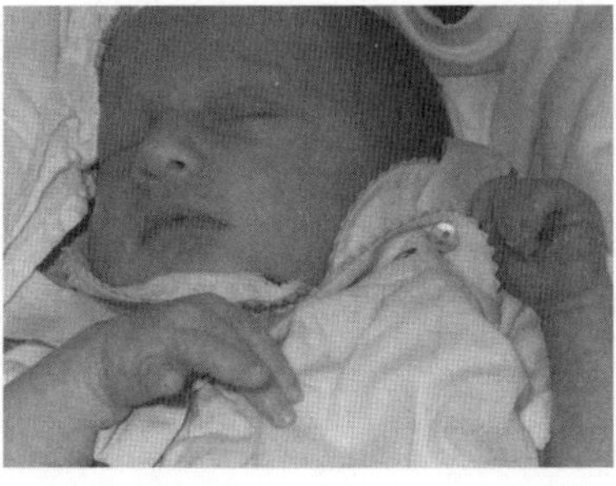

5. O fato de a continuação da espécie raramente ocupar nossa mente quando pedimos um número de telefone não chega a invalidar a tese de Schopenhauer. Segundo ele, nossos atos são governados pelo consciente e pelo inconsciente. O inconsciente é governado pela vontade de viver. O consciente é subserviente a ela e é incapaz de identificar todos os seus projetos. O consciente não é uma entidade soberana, mas um servo míope de uma vontade de viver imperiosa e obcecada pelo desejo de procriação:

> [O intelecto] não tem acesso ao laboratório secreto onde a vontade urde suas decisões. Ele é claramente um confidente da vontade. Mas um confidente que nunca chega a estar a par de tudo.

O intelecto alcança apenas o que é necessário para promover a reprodução – o que significa que sua capacidade de compreensão é limitada:

> [Ele] permanece [...] totalmente excluído das verdadeiras resoluções e determinações secretas de sua própria vontade.

Uma exclusão que explica como podemos conscientemente sentir nada mais do que um intenso desejo de rever determinada pessoa, ao passo que inconscientemente somos movidos por uma força que visa à reprodução da geração futura.

Por que esta ilusão é necessária? Porque, para Schopenhauer, nós não concordaríamos em nos multiplicar a menos que primeiro tivéssemos perdido o juízo.

6. A análise certamente viola uma autoimagem racional, mas ao menos serve para sugerir que o amor romântico é um desvio evitável de tarefas mais sérias, que é perdoável que a juventude, que tem o tempo a seu favor, se

deixe extasiar pelo luar e soluce sob as cobertas, mas é desnecessário e insano para os mais velhos negligenciar o trabalho porque avistaram um rosto bonito durante uma viagem de trem. Ao entender o amor como biologicamente inevitável, a chave para a continuação de nossa espécie, a teoria da vontade convida-nos a adotar uma atitude mais tolerante com relação ao comportamento excêntrico a que o amor com tanta frequência nos torna sujeitos.

O homem e a mulher dividem uma mesa junto à janela de um restaurante grego ao norte de Londres. Um pote de azeitonas os separa, mas tanto um como o outro não conseguem imaginar a melhor maneira de remover os caroços com a dignidade necessária, e o couvert, então, permanece intocado.

Ela havia lhe oferecido um lápis porque não tinha caneta. Depois de alguns segundos, confessou que detestava viagens longas, um comentário supérfluo que lhe deu o pequeno encorajamento de que necessitava. Ela não era violoncelista nem designer. Era advogada especializada em finanças em uma firma no centro da cidade. Viera de Newcastle, mas fazia oito anos que se mudara para Londres. Quando o trem chegou na

estação de Euston, ele já havia conseguido o número de seu telefone e a aceitação de um convite para jantar.

Um garçom aproxima-se para anotar o pedido. Ela deseja uma salada e um peixe grelhado. Como veio direto do trabalho, veste um tailleur cinza-claro. O relógio é o mesmo que usava quando os dois se conheceram.

O casal inicia uma conversa. Ela lhe diz que sua atividade favorita nos fins de semana é o alpinismo. Ela começou na época da escola, e desde então já havia tomado parte em expedições na França, na Espanha e no Canadá. Ela descreve a emoção que sente quando está pendurada a centenas de metros de distância de um vale, e o acampamento no topo de uma montanha, onde observa pela manhã os pingentes de gelo que se formaram no interior da barraca. Seu companheiro de mesa confessa sentir tonturas no segundo andar de um prédio. Ela menciona a dança como sua segunda paixão. Adora a sensação de liberdade e energia que ela provoca. Sempre que pode, sai para dançar a noite toda. Ele prefere deitar-se por volta das onze da noite. Eles falam do trabalho. Ela está envolvida com um caso de patente. Um designer de chaleiras de Frankfurt processou uma empresa britânica por violação de copyright. O plágio é uma infração prevista no artigo 60, parágrafo I, alínea a, da lei sobre patentes de 1977.

Ele não consegue acompanhar o relato maçante e prolixo de procedimentos legais, mas está convencido do alto grau de inteligência de sua acompanhante e da afinidade superlativa que os une.

1. "Por que ele?" ou "Por que ela?" constitui um dos mistérios mais profundos do amor. Por que, dentre todos os candidatos possíveis, nosso desejo concentra-se com tamanha firmeza em determinada criatura? Por que decidimos tê-la em alta estima, em detrimento de outras, se nem sempre o tema de suas conversas nos atrai e seus hábitos não são os mais adequados? E por que – mesmo munidos das melhores intenções – não conseguimos desenvolver um interesse sexual por alguém que talvez fosse, em termos objetivos, igualmente atraente e mais indicado para viver conosco?

2. Schopenhauer não via nada de enigmático nesta questão. Não dispomos da liberdade de nos apaixonarmos por todos porque não podemos gerar filhos saudáveis com todos. Nossa vontade de viver nos leva a procurar as pessoas que irão aumentar nossas chances de gerar uma prole inteligente e bonita e nos afasta daqueles que possam diminuir essas mesmas chances. O amor nada mais é do que a manifestação consciente da descoberta do pai ou da mãe ideal apontada pela vontade de viver:

> O momento em que o amor – ou, para ser mais exato, o *desejo* – entre duas pessoas começa a florescer deve, na realidade, ser encarado como o primeiro passo para a formação de um novo indivíduo.

Nos primeiros encontros, protegido pelas conversas triviais, o inconsciente de ambos irá avaliar se um dia um filho saudável poderá resultar de uma relação sexual:

> Há algo de bastante peculiar na seriedade profunda e inconsciente com que um jovem casal observa um ao outro no primeiro encontro. A troca de olhares sutis e perscrutadores, a cuidadosa inspeção mútua da aparência, o exame rigoroso de todos os traços que compõem cada individualidade nada mais é do que a meditação do espírito,

a indagar sobre a viabilidade de ser gerado um novo ser humano.

3. E o que a vontade de viver busca com esse escrutínio? Evidências de uma prole saudável. A vontade de viver deve garantir que a próxima geração seja suficientemente apta, tanto no plano fisiológico quanto no psicológico, a sobreviver em um mundo repleto de perigos e, portanto, que os filhos tenham membros bem-proporcionados (nem curtos demais ou compridos demais; sem gordura ou magreza em excesso) e sejam mentalmente equilibrados (nem muito tímido, nem muito imprudente, nem muito insensível, nem muito passional etc.).

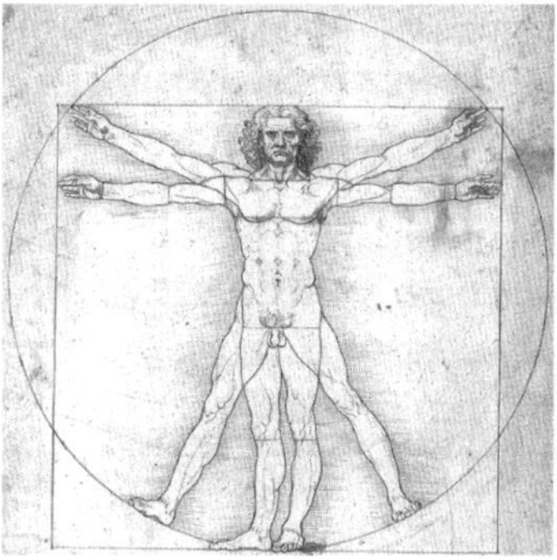

Uma vez que nossos pais cometeram erros na escolha de seus parceiros, é improvável que sejamos perfeitamente equilibrados. Em geral somos altos demais, masculinos demais, femininos demais; nossos narizes são grandes, nossos queixos pequenos. Se desequilíbrios como esses persistissem ou viessem a se agravar, em pouco tempo a raça humana estaria infestada de aberrações. Cabe portanto à vontade de viver o papel de forçar nossa aproximação de pessoas cujas imperfeições possam neutralizar as nossas (um nariz grande, em combinação com um nariz achatado, acena com a possibilidade de produzir um nariz perfeito) e assim nos ajudar a restaurar o equilíbrio físico e psicológico da geração futura:

> Todos desejam, por intermédio de seu par, eliminar suas próprias fraquezas, defeitos e desvios do padrão, para que não sejam perpetuados ou transformados em completa anormalidade no filho que será gerado.

A teoria da neutralização forneceu a Schopenhauer a confiança necessária para que ele previsse os caminhos da atração. Mulheres baixas irão se apaixonar por homens altos, mas raramente os homens altos irão se apaixonar por mulheres altas (sobrevém o medo inconsciente de que os dois venham a gerar gigantes). Homens feminis, que não se interessam por esportes, tendem a se sentir atraídos por mulheres masculinizadas e que têm o cabelo curto (e relógios esportivos):

> A neutralização das duas individualidades [...] exige que um grau determinado de virilidade do homem corresponda exatamente a um determinado grau de feminilidade da mulher, de modo que os exageros de cada uma das partes sejam eliminados pela outra com exatidão.

4. Infelizmente, a teoria da atração levou Schopenhauer a uma conclusão tão desanimadora que pode ser melhor que os leitores prestes a se casar não leiam os próximos parágrafos para que não reformulem seus planos, a saber, que a pessoa que escolhemos como sendo a mais indicada para ter um filho conosco quase nunca é a mais indicada para nós (embora sejamos incapazes de perceber isso no momento em que a escolhemos porque a vontade de viver nos ofuscou o raciocínio).

"Conseguir que a conveniência e a paixão caminhem de braços dados é o mesmo que receber o mais raro bafejo da sorte", observou Schopenhauer. O parceiro amoroso que livra nosso filho de nascer com um queixo protuberante ou uma índole efeminada não costuma ser a mesma pessoa que nos fará feliz por toda a vida. A busca da felicidade pessoal e a geração de filhos saudáveis são projetos radicalmente opostos que o amor maliciosamente confunde e nos leva a pensar que se tratam de um só por um bom número de anos. Não deveríamos nos surpreender com o casamento entre duas pessoas que jamais teriam sido amigas uma da outra:

> O amor [...] lança-se sobre as pessoas que, fora da relação sexual, seriam detestáveis, desprezíveis e mesmo repugnantes como amantes. A vontade de perpetuação da espécie é tão mais poderosa que a do indivíduo que faz o apaixonado fechar os olhos para todas as qualidades que lhe são repugnantes, tudo tolera, tudo distorce, e acaba por unir-se para sempre ao objeto de sua paixão. Ele se mostra, dessa forma, completamente enfeitiçado por uma ilusão, que se desfaz tão logo o desejo de perpetuação da espécie seja satisfeito, mas deixa como herança um cônjuge detestável para o resto da vida. Essa é a única explicação razoável para o fato de encontrarmos com frequência homens muito sensatos, e até mesmo eminentes, presos a verdadeiras megeras e ficarmos intrigados com as razões de semelhante escolha [...] Um homem apaixonado pode chegar a enxergar com clareza e amargura os intoleráveis defeitos de sua noiva, de temperamento e caráter, que lhe acenam com uma vida de agruras e, no entanto, não se assustar a ponto de se afastar definitivamente [...] porque, em última análise, não está levando em consideração os seus interesses e sim os interesses de uma terceira pessoa que ainda não existe, embora ele se deixe envolver pela ilusão de que o que procura é seu próprio interesse.

A capacidade da vontade de favorecer seus próprios objetivos em detrimento da nossa felicidade pode, segundo sugere a teoria de Schopenhauer, ser percebida com especial clareza na melancolia e lassidão que acometem os casais imediatamente após o ato sexual:

> Quantas vezes não já se observou que *illico post coitum cachinnus auditur Diaboli*? (Imediatamente após a cópula ouvem-se as gargalhadas do Diabo.)

Então, um dia, uma mulher com ares de rapaz e um homem com ares de moça irão se aproximar do altar por motivos que nenhum dos dois, ou qualquer outra pessoa, possa ter imaginado (salvo uns poucos schopenhauerianos na recepção). Apenas mais tarde, quando as necessidades da vontade forem satisfeitas e um garoto robusto estiver brincando com sua bola em um quintal do subúrbio, o ardil será descoberto. O casal se separa ou passará a dividir a mesa do jantar em meio a um silêncio hostil. Schopenhauer nos ofereceu uma escolha:

> Tudo leva a crer que, ao se contrair matrimônio, um dos dois interesses deve ser prejudicado: o interesse pessoal ou o interesse da espécie.

Não obstante, ele deixou em nós uma ponta de dúvida quanto à superioridade da espécie em garantir seus interesses:

> A geração futura é providenciada à custa da geração atual.

O homem paga o jantar e sugere, com uma naturalidade estudada, uma visita a seu apartamento para um drinque. Ela sorri e abaixa os olhos. Sob a mesa, seus dedos dobram um guardanapo de papel em quadrados cada vez menores. "Seria ótimo", diz, "mas preciso levantar muito cedo amanhã. Vou pegar um voo para Frankfurt... Tenho uma reunião lá para tratar daquele caso. Às cinco e meia, ou antes até, tenho de estar de pé. Talvez um outro dia. Seria ótimo. Seria mesmo." Outro sorriso. O guardanapo não resiste à pressão e se desintegra.

O desespero é abrandado pela promessa de um telefonema da Alemanha e de um novo encontro para breve, talvez no mesmo dia de sua volta. Na data prometida, as horas passam e finalmente o telefone toca. Já é muito tarde quando ela liga de uma cabine telefônica do aeroporto de Frankfurt. Ao fundo, um barulho e vozes metálicas anunciando a partida de voos para o Oriente. Ela lhe diz que, através da vidraça, pode ver aviões enormes e que o lugar parece um inferno.

Diz que a droga do voo da Lufthansa está atrasado e avisa que vai tentar conseguir um lugar em outra companhia aérea, mas que é melhor ele não esperar por ela. Fica em silêncio por alguns instantes. Logo, o pior se confirma. As coisas andam meio complicadas em sua vida, ela continua, e ela realmente não sabe bem o que quer, só sabe que precisa de tempo e de espaço, e se ele não se importar, ela prefere que ele não a procure por enquanto, ela lhe telefonará quando as coisas se esclarecerem em sua cabeça.

1. O filósofo talvez tenha oferecido explicações não muito agradáveis sobre os motivos que nos levam a nos apaixonar, mas pode haver um consolo para a rejeição: o consolo de saber que nosso sofrimento é normal. Não devemos nos sentir confusos com a profunda tristeza que pode seguir-se a alguns dias de esperança. Se existe uma força capaz de nos convencer a formar uma descendên-

cia, seria uma incongruência ela desaparecer sem fazer estrago. O amor não poderia nos induzir a carregar o fardo da multiplicação da espécie sem nos prometer toda a felicidade que pudéssemos imaginar. Surpreender-se com a dor lancinante causada pela rejeição é o mesmo que ignorar tudo o que envolve sua aceitação. Jamais devemos permitir que sugestões de que há algo de estranho em sofrer com tal profundidade contaminem nossa dor. Seria de estranhar se uma decepção amorosa não nos fizesse padecer.

2. Além disso, não somos inerentemente detestáveis. Não há nada de errado com cada um de nós. Nossa personalidade não é repulsiva, nossa aparência não é repugnante. O relacionamento desmoronou porque somos inaptos para gerar um filho equilibrado com aquela pessoa em particular. Ninguém precisa odiar a si próprio. Um dia encontraremos alguém que nos acha maravilhoso e que se sentirá à vontade em nossa companhia e será sempre sincero conosco (porque nosso queixo e o queixo dessa pessoa formam uma combinação desejável, de acordo com o ponto de vista da vontade de viver).

3. Com o tempo aprenderemos a perdoar aqueles que nos rejeitaram. O rompimento não foi uma opção deles. Cada tentativa inábil de alguém para informar o outro de que necessita de mais tempo e espaço, de que está relutante em assumir um compromisso ou teme intimidade encerra um esforço de intelectualizar um veredicto essencialmente negativo e inconsciente formulado pela vontade de viver. Suas razões podem ter incluído uma avaliação das nossas qualidades, porém sua vontade de viver não incluiu e o informou de uma maneira que não suportava nenhum argumento – eliminando seu interesse sexual em nós. Se eles se deixaram seduzir por outras pessoas

menos inteligentes do que nós, não devemos acusá-los de superficialidade. Devemos nos lembrar, como explica Schopenhauer, que:

> O que se procura no casamento não é diversão intelectual e sim a procriação.

4. Devemos respeitar a lei da natureza – expressa em cada episódio de rejeição – que condena a procriação, da mesma forma que deveríamos respeitar o relâmpago ou a erupção de um vulcão – eventos terríveis, mas bem mais fortes do que nós. Devemos nos consolar com a ideia de que a perda de um amor:

> entre um homem e uma mulher é um aviso de que o ser que poderiam gerar não passaria de uma criatura malformada, um ser infeliz, carente de harmonia intrínseca.

Talvez tenhamos sidos felizes com nosso bem-amado, mas a natureza não – mais uma razão para nos libertarmos das amarras da paixão.

Durante algum tempo, o homem não consegue evitar a melancolia. No fim de semana, faz uma caminhada ao Battersea Park, onde escolhe um banco à beira do Tâmisa. Em suas mãos, um exemplar em brochura do Sofrimentos do jovem Werther, *de Goethe, publicado pela primeira vez em Leipzig, em 1774.*

Alguns casais empurram carrinhos de bebê e conduzem crianças pequenas pela mão. Uma garotinha de vestido azul lambuzado de chocolate ergue os olhos para o céu e aponta um avião descendo no aeroporto de Heathrow. "Papai, Deus está lá dentro?", pergunta, mas o pai, que está apressado e um tanto mal-humorado, a ergue nos braços e diz que não sabe, como se alguém lhe tivesse pedido informação de como chegar a algum lugar. Um menino de quatro anos de idade pedala seu velocípede de encontro

a um arbusto e chama pela mãe aos berros, mas ela acabara de estender uma coberta sobre a grama e havia se deitado de olhos fechados. Ela solicita ao marido que vá socorrer o filho. Ele responde de má vontade que seria a vez de ela fazer isso. Ela retruca que a vez é dele. Ele não diz nada. Ela o chama de inútil e se levanta. Em um banco próximo, um casal de idosos divide em silêncio um sanduíche de ovo e agrião.

1. Schopenhauer nos pede para que não nos surpreendamos com o infortúnio. Não devemos condicionar nossa razão de viver ao casamento, à maternidade ou à paternidade.

2. Na biblioteca de Schopenhauer havia muitos tratados de ciências naturais – entre eles, *Introdução à entomologia*, de William Kirby e William Spence, *Des Abeilles*, de François Huber, e *De la taupe, de ses moeurs, de ses habitudes et des moyens de la détruire*, de Cadet de Vaux. O filósofo leu sobre formigas, besouros, abelhas, moscas, gafanhotos, toupeiras e pássaros migratórios, e observou penalizado e perplexo que essas criaturas demonstravam um ardente e absurdo compromisso com a vida. Sentiu-se especialmente solidário com a toupeira, um ser atrofiado e monstruoso cavando sem cessar galerias estreitas,

que raramente vê a luz do dia e cuja prole assemelha-se a vermes gelatinosos, mas que faz tudo que pode para sobreviver e se perpetuar:

> Cavar até o limite de suas forças com suas imensas patas em forma de enxada é a tarefa de toda sua vida; a noite perene a circunda; sua visão embrionária lhe serve apenas para evitar a luz [...] qual a finalidade dessa vida cheia de percalços e destituída de prazer? [...] Os frutos e vantagens que obtém são desproporcionais ao zelo e às atribulações da vida.

A Schopenhauer parece que todas as criaturas sobre a Terra estão igualmente empenhadas em ter uma existência igualmente sem sentido:

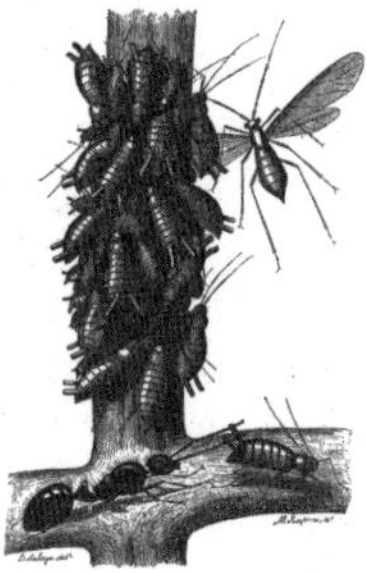

> Contemple a atividade incansável das insignificantes formiguinhas [...] a vida da maioria dos insetos não passa de um esforço incessante de preparar a alimentação e a moradia da futura prole, que sairá de seus ovos. Depois de ter consumido o alimento e ter passado para o estágio de crisálida, a prole começa uma existência cuja finalidade é cumprir novamente, e desde o princípio, a mesma tarefa [...] não podemos deixar de indagar qual o resultado de tudo isso [...] não há nada a revelar, apenas a satisfação da fome e do instinto sexual e [...] uma pequena recompensa momentânea [...] ocasional [...] entre [...] necessidades e esforços infindáveis.

3. O filósofo não precisou explicar em detalhes o paralelismo. Buscamos relacionamentos amorosos, conversamos nos cafés com prováveis parceiros e geramos filhos com a mesma falta de opção das toupeiras e das formigas – e raramente somos mais felizes do que elas.

4. A intenção de Schopenhauer não era a de nos deixar deprimidos e sim de nos livrar de um tipo de expectativa que nos inspirava amargura. Quando o amor só nos traz decepções, é reconfortante saber que a felicidade nunca foi incluída nos planos. O pensador mais pessimista pode, paradoxalmente, ser o mais estimulante:

> O único erro inato é pensar que viemos ao mundo para sermos felizes [...] Enquanto insistimos nesse engano [...] o mundo nos parece cheio de contradições. A cada momento, tanto nas pequenas como nas grandes coisas, estamos sujeitos a experiências que o mundo e a vida não arranjaram com o propósito de garantir uma existência feliz [...] essa é a razão pela qual praticamente todos os idosos trazem uma expressão daquilo que atende pelo nome de *desapontamento.*

Essas pessoas jamais teriam se sentido tão decepcionadas se tivessem depositado no amor as expectativas corretas:

> O que perturba os anos de juventude e provoca sofrimento [...] é a busca obsessiva da felicidade com a firme suposição de que ela deve ser encontrada na vida. A partir daí, surge uma esperança que morre e renasce a cada instante; com ela, vem a insatisfação. Imagens enganosas de uma felicidade vaga com a qual sonhamos desfilam diante de

nossos olhos em formas cuidadosamente selecionadas e procuramos em vão por sua fonte [...] Muito se teria a ganhar se a juventude fosse instruída e aconselhada a tempo e conseguisse eliminar de sua mente o conceito errôneo de que o mundo tem muito a lhe oferecer.

3

Temos uma vantagem sobre as toupeiras. Precisamos lutar pela sobrevivência, sair à procura de um par e gerar filhos. Mas, em compensação, podemos ir ao teatro, à ópera, a concertos, e à noite, na cama, podemos ler romances, livros de filosofia, poemas épicos. Nessas atividades, Schopenhauer identificou um manancial supremo de alívio para as exigências da vontade de viver. Nas obras de arte e na filosofia encontramos versões objetivas de nossas próprias lutas e aflições, evocadas e definidas em uma linguagem ou imagem perfeita. Artistas e filósofos não apenas nos mostram o que sentimos, mas expõem nossas experiências de uma maneira mais tocante e inteligente do que seríamos capazes; eles dão forma a aspectos da nossa vida que, sozinhos, jamais teríamos compreendido com tanta clareza apesar de reconhecê-los como sendo nossos. Eles explicam nossos problemas e, com sua ajuda, sentimo-nos menos solitários e perplexos. Podemos ser obrigados a cavar a terra indefinidamente, mas por meio das obras criativas conseguimos ao menos obter momentos de discernimento sobre nossos infortúnios, que evitam a sensação de perplexidade e isolamento (e mesmo de perseguição) que afligem. A arte e a filosofia, cada qual à sua maneira, nos ajudam, segundo as palavras de Schopenhauer, a transformar o sofrimento em sabedoria.

O filósofo admirava o amigo de sua mãe, Johann Wolfgang Goethe, porque ele havia transformado tantas de suas dores de amor em sabedoria, mais admiravelmente no romance que publicou aos 25 anos e que o tornou conhecido em toda a Europa: *Sofrimentos do jovem Werther*, que descreve o caso de amor não correspondido de um certo jovem por uma certa moça (Lotte, uma moça que usa vestidos brancos com fitas cor-de-rosa nas mangas e compartilha com Werther uma admiração pelo romance *O vigário de Wakefield*), mas ao mesmo tempo descreve a vida de milhares de leitores (consta que Napoleão leu o romance nove vezes). As grandes obras de arte falam a nós sem nunca terem ouvido falar de nós. Como expressou Schopenhauer:

> O [...] poeta retira da vida aquilo que é particular e individual e o descreve com precisão em sua individualidade; mas, dessa forma, revela a existência humana em sua totalidade [...] embora ele nos dê a impressão de estar preocupado com o particular, está na realidade preocupado com o que é universal e atemporal. A partir daí, conclui-se que as frases, especialmente as que são ditas pelos poetas dramáticos, se aplicam com frequência à vida real, mesmo sem serem apotegmas de sentido mais amplo.

Os leitores de Goethe não só se reconheciam em *Sofrimentos do jovem Werther* como também compreendiam melhor a si próprios porque ele havia tornado mais transparente uma gama de momentos evanescentes e constrangedores do amor, momentos que os leitores talvez já tivessem vivido sem que os tivessem necessariamente compreendido. Goethe desnudara certas leis do amor, que Schopenhauer qualificou de "ideias" essenciais da psicologia romântica. Ele havia, por exemplo, captado perfeitamente o modo aparentemente gentil – embora infinitamente cruel – de a pessoa que não ama tratar aquele que ama. Em um determinado ponto do romance, torturado por seus sentimentos, Werther desespera-se diante de Lotte:

"Lotte", exclama, "jamais voltarei a vê-la!"

"Por quê?", respondeu a moça. "Werther, você pode e deve encontrar-se comigo novamente, mas procure comportar-se de maneira menos agitada. Ah, por que você tinha de nascer com esse temperamento tão veemente, essa paixão incontrolável por tudo que o cerca! Eu lhe imploro", continuou ela, segurando-lhe a mão, "fique mais calmo. Pense nas muitas alegrias que a sua inteligência, a sua sabedoria e seus dons podem lhe proporcionar!"

Não precisamos ter vivido na Alemanha na segunda metade do século XVIII para entender o que estava envolvido ali. Existem menos romances do que pessoas na Terra, as tramas repetem-se sem cessar. Alteram-se apenas os nomes e os contextos. "A essência da arte reside no fato de que uma mesma situação aplica-se a milhares de pessoas", concluiu Schopenhauer.

Por outro lado, nos sentimos consolados ao percebermos que o nosso problema é apenas um entre milhares. Schopenhauer fez duas viagens a Florença, em 1818 e em 1822. Ele provavelmente visitou a igreja de Santa Maria del Carmine, onde Masaccio pintou uma série de afrescos entre os anos de 1425 e 1426.

A angústia de Adão e Eva ao deixarem o Paraíso não pertence a eles unicamente. No rosto e na postura das duas figuras, Masaccio captou a essência da angústia, a Ideia exata da angústia. Seu afresco é um símbolo universal de nossa falibilidade e fragilidade. Todos nós fomos expulsos do Éden.

Mas, ao ler uma trágica história de amor, um pretendente rejeitado eleva-se acima de sua própria situação; ele deixa de ser um homem que sofre sozinho, desamparado e confuso – ele faz parte de uma vasta classe de seres humanos que, através dos tempos, apaixonaram-se por outros seres humanos, movidos pela pulsão torturante de propagar sua espécie. Seu sofrimento perde um pouco de intensidade e torna-se mais compreensível, livra-se do estigma de um castigo individual. Ao referir-se aos que são capazes de atingir tamanha objetividade, Schopenhauer ressalta que:

> No decorrer de sua vida e dos infortúnios que ela traz, ele irá deixando de voltar-se exclusivamente para sua própria sina e passará a enxergar a sina da humanidade como um todo e passará a conduzir-se [...] mais como *aquele que adquiriu sabedoria* do que como *aquele que sofreu.*

Devemos, entre os períodos em que cavamos na escuridão, esforçar-nos sempre para transformar nossas lágrimas em sabedoria.

VI

Consolação para as dificuldades

1

Poucos filósofos privilegiaram o infortúnio. Uma vida sábia era em geral associada a uma tentativa de reduzir o sofrimento: a ansiedade, o desespero, a revolta, a autodepreciação e a mágoa.

2

Não obstante, segundo Friedrich Nietzsche, a maioria dos filósofos sempre foi constituída de "cabeças ocas". "O meu destino determina que eu seja o primeiro ser humano honesto", reconheceu ele no outono de 1888, com uma ponta de constrangimento. "Trago em mim a terrível desconfiança de que um dia serei declarado *santo*"; e previu que isso aconteceria por volta do início do terceiro milênio: "Partamos do pressuposto de que as pessoas tenham a *oportunidade* de ler [minha obra] lá pelo ano 2000". Ele estava certo de que a admirariam:

> Parece-me uma das mais raras distinções que alguém pode demonstrar a si mesmo tomar um livro meu em mãos. Admito até que para isso descalce os sapatos – para não falar das botas.

Uma distinção porque Nietzsche havia sido o único, entre os "cabeças ocas", a perceber que a busca da satisfação implicava dificuldades de toda sorte:

Deseja-se, se possível – e nada é mais absurdo que o "se possível" –, *abolir o sofrimento*. E quanto a nós? Nada leva realmente a crer que *nós* preferimos aumentá-lo e torná-lo pior do que nunca!

Apesar de sempre medir as palavras ao transmitir aos amigos votos de felicidades, Nietzsche sabia em seu íntimo de que necessitavam:

> Aos seres humanos que não me interessam, desejo sofrimento, desolação, doença, maus-tratos e indignidades – desejo que não continuem a desconhecer a profunda autodepreciação, a tortura da autodesconfiança, a miséria dos derrotados.

Isso ajuda a explicar por que sua obra ganhou tanto prestígio, apesar de ele próprio a ter elogiado:

> O maior presente que [a humanidade] já recebeu.

3

Não devemos nos assustar com as aparências.

> Na opinião daqueles que nos veem pela primeira vez [...] geralmente não passamos de uma peculiaridade que chama a atenção e determina a impressão de conjunto que lhes damos. Assim, o mais gentil e equitativo dos homens pode, se usar um vasto bigode [...] geralmente os olhos comuns veem nele o apêndice de um vasto bigode; isto é, um indivíduo com o porte de um militar, sempre irascível, ocasionalmente violento – e como tal ele será tratado.

4

Sua atitude com relação aos obstáculos não foi sempre tão otimista. Os primeiros passos de seu pensamento sofreram a influência de um filósofo que ele descobriu quando contava 21 anos de idade e estudava na Universidade de Leipzig. No outono de 1865, em um sebo da Blumengasse, em Leipzig, caiu-lhe por acaso nas mãos um exemplar de *O mundo como vontade e representação*, cujo autor havia morrido cinco anos antes em um apartamento em Frankfurt, a trezentos quilômetros dali:

> Eu o segurei [o livro de Schopenhauer] nas mãos como quem segura algo totalmente desconhecido e o folheei. Não sei explicar que demônio sussurrou-me ao ouvido: "Leve este livro para casa". Contrariando um hábito de nunca obedecer ao primeiro impulso de comprar um livro, eu o levei, atirei-me em um canto do sofá e, de posse daquele novo tesouro, deixei-me aos poucos conquistar pelo gênio ao mesmo tempo lúgubre e inspirador de Schopenhauer. Cada linha revelava renúncia, negação, resignação.

O mais velho mudou a vida do mais jovem. A essência da sabedoria filosófica estava, segundo Schopenhauer, na observação feita por Aristóteles em *Ética a Nicômaco*:

> O homem prudente luta para libertar-se do sofrimento, não do prazer.

Todos os que buscavam o contentamento estabeleciam como prioridade o reconhecimento da impossibilidade de alcançá-lo, e assim, no intuito de evitarmos os percalços e a ansiedade que costumamos enfrentar durante a busca:

> [Não devemos] concentrar nossos objetivos na busca do prazer e da satisfação; mas em evitar, tanto quanto possível, seus incontáveis males [...] Ao homem que conseguiu atravessar a vida sem grandes sofrimentos, físicos ou mentais, foi concedido o mais feliz dos destinos.

Quando escreveu mais uma de suas cartas à mãe viúva e à irmã de dezenove anos, ambas residentes na cidade de Naumburgo, Nietzsche substituiu os costumeiros relatórios sobre seus hábitos alimentares e o progresso nos estudos por um resumo de sua nova filosofia de renúncia e resignação:

> Sabemos que a vida consiste em sofrimento e que, quanto mais nos esforçamos para aproveitá-la, mais ela nos escraviza. Devemos, portanto, abrir mão das vantagens que ela nos oferece e praticar a abstinência.

A mãe estranhou suas palavras. Na resposta que enviou, explicou-lhe que preferia "uma carta cheia de novidades, como devem ser as cartas, pois não gostava daquele tipo de assunto", e aconselhou o filho a confiar seu coração ao Senhor e tratar de comer bem.

Mas a influência que Schopenhauer exercia sobre ele não diminuiu. Nietzsche começou a levar uma vida de cautelas. Em uma lista que redigiu e intitulou de "Delírios do indivíduo", o sexo ocupava lugar de destaque. Durante o serviço militar em Naumburgo, ele colocou uma fotografia de Schopenhauer sobre sua escrivaninha e, nas horas de aflição, bradava: "Schopenhauer, acuda-me!". Aos 24 anos, ao assumir a cátedra de filologia clássica da Universidade da Basileia, travou amizade com Richard e Cosima Wagner, com quem dividia uma admiração fervorosa pelo sábio pessimista e ponderado de Frankfurt.

5

Depois de mais de dez anos de fidelidade, no outono de 1876, Nietzsche viajou à Itália e sofreu uma mudança radical de opinião. Havia aceitado o convite de Malwida von Meysenbug, uma ricaça de meia-idade e amante das artes, para passar alguns meses com ela e um grupo de amigos em uma vila em Sorrento, na baía de Nápoles.

"Nunca o vi tão animado. Ele ria alto de pura alegria", comentou Malwida, referindo-se à reação de Nietzsche aos primeiros dias na Villa Rubinacci, que ficava em uma avenida frondosa, na orla de Sorrento. Da sala de estar avistavam-se a baía, a ilha de Ischia e o Vesúvio, e diante da casa havia um pequeno jardim onde floresciam laranjeiras e figueiras; ciprestes e videiras levavam ao mar.

Os hóspedes saíam para nadar e visitar Pompeia, o Vesúvio, Capri e os templos gregos de Pesto. As refeições compunham-se de pratos leves, preparados no azeite, e à noite liam juntos na sala de estar: as dissertações de Jacob Burckhardt sobre a civilização grega, Montaigne, La Rochefoucauld, Vauvenargues, La Bruyère, Stendhal, a balada de Goethe *Die Braut von Korinth* e sua peça teatral *Die natürliche Tochter*, Heródoto, Tucídides e *As leis*, de Platão (este último, no entanto, deixava Nietzsche irritado, talvez por influência de Montaigne, que confessara sua aversão pelo filósofo grego: "Os diálogos platônicos, com sua dialética pavorosamente infantil e presunçosa, só conseguem produzir um efeito estimulante em quem nunca leu os franceses [...] Platão é maçante.").

Enquanto ele nadava no Mediterrâneo, alimentava-se de pratos em que o azeite substituía a manteiga, respirava ar puro e lia Montaigne e Stendhal ("Essas pequenas coisas – alimentação, ambiente, clima, lazer, toda a casuística do egoísmo – superam toda e qualquer concepção de maior importância, a que se deu relevância até agora"). Nietzsche mudou gradualmente sua filosofia de sofrimento e prazer, e, com isso, suas perspectivas das dificuldades. Observar o pôr do sol sobre a baía de Nápoles no final de outubro de 1876 serviu para infundir-lhe uma fé renovada na existência, que nada tinha de schopenhaueriana. Ele percebeu que havia se comportado como um velho no início de sua vida, e derramou lágrimas ao pensar que havia sido salvo no último instante.

6

Em uma carta escrita no final de 1876 e endereçada a Cosima Wagner, fez uma declaração formal de sua conversão: "Você se surpreenderia se eu confessasse algo de que tomei consciência de uma maneira um tanto repentina, apesar de ter surgido aos poucos? Refiro-me a uma discordância com a doutrina de Schopenhauer. De um modo geral, não endosso mais nenhuma de suas proposições".

Uma dessas proposições dizia que, uma vez que a satisfação é uma ilusão, o sábio deveria tentar evitar o sofrimento em vez de buscar o prazer, vivendo sossegado "em um pequeno recinto à prova de fogo" – conselho esse que agora parecia a Nietzsche ao mesmo tempo tímido e questionável, uma tentativa obstinada de viver como afirmou pejorativamente anos depois, "pelas florestas, escondido como cervo acanhado". Para se alcançar a satisfação, não era necessário evitar o sofrimento e sim reconhecer nele uma etapa natural e inevitável no processo de conquistar algum bem.

7

Além da boa comida e do clima agradável, o que ajudou a mudar a perspectiva de Nietzsche foi sua reflexão sobre alguns personagens na história que parecem ter genuinamente conquistado uma vida plena: indivíduos que podiam ser descritos como *Übermenschen*, ou super-homem, – para usar um dos mais controvertidos termos do léxico nietzschiano.

A notoriedade e o despropósito do termo não se deveram menos à filosofia de Nietzsche do que ao posterior fascínio de sua irmã Elizabeth pelo nacional-socialismo (muito antes de ela ter apertado a mão do Führer, Nietzsche já a havia descrito como "uma tola vingativa e antissemita") e à decisão inconsciente dos primeiros tradutores anglo-saxões de Nietzsche de legar o Übermensch à posteridade com o nome de um lendário herói dos quadrinhos.

Hitler cumprimentando Elizabeth Nietzsche em Weimar, outubro de 1935

Mas os *Übermenschen* de Nietzsche tinham muito pouco a ver com ases do espaço ou com fascistas. Sua identidade foi mais bem delineada em um comentário casual incluído em uma carta para a mãe e a irmã:

> Entre os vivos, não há ninguém que me interesse *muito*. As pessoas que admiro já morreram faz muito tempo – por exemplo, o abade Galiani, Henri Beyle ou Montaigne.

Ele poderia ter acrescentado à lista o nome de outro herói, Johann Wolfgang von Goethe. Esses quatro homens talvez tenham lhe fornecido a chave mais valiosa que, na maturidade, abriu-lhe as portas do entendimento do que seria uma vida plena de satisfações.

Eles tinham muito em comum. Eram curiosos, tinham talento artístico e vigor sexual. Apesar de seus aspectos sombrios, riam e dançavam; sentiam-se atraídos pela "gentil e fulgurante luz do sol, o clima agradável e a vegetação exuberante das regiões meridionais, a brisa do mar [e] refeições ligeiras, compostas de carne magra, frutas e ovos". Alguns, assim como Nietzsche, cultivavam um humor negro, uma gargalhada estrondosa e cruel,

Montaigne (1533–1592)

Abbé Galiani (1728–1787)

Goethe (1749–1832)

Stendhal / Henri Beyle (1783–1842)

que se originava das profundezas do pessimismo. Eles haviam explorado todas as suas possibilidades e tinham o que Nietzsche chamou de "vida", sugerindo coragem, ambição, dignidade, força de caráter, humor e independência (e ao mesmo tempo uma ausência de hipocrisia, conformismo, ressentimento ou presunção).

Eles se comprometeram com o mundo. Montaigne foi, por duas vezes, prefeito de Bordeaux e percorreu a Europa a cavalo. O abade napolitano Galiani foi secretário da embaixada em Paris e escreveu tratados sobre oferta de dinheiro e distribuição de grãos (elogiados por Voltaire, que viu neles uma combinação da sagacidade de Molière e da inteligência de Platão). Goethe serviu à corte de Weimar durante uma década; propôs reformas na área social, na agricultura e na indústria, foi encarregado de missões diplomáticas e teve duas audiências com Napoleão.

Durante sua visita à Itália em 1787, viu os templos gregos de Pesto e fez três escaladas ao Vesúvio, tendo chegado tão próximo à beira de sua cratera que precisou esquivar-se das erupções de pedra e lava.

Nietzsche o chamou de "magnífico", "o último alemão por quem tenho reverência". "Ele envolveu-se em [...] atividades práticas [...] não repudiou a vida; mas mergulhou nela [...] tomou para si o maior número possível de responsabilidades [...] O que ele queria era a totalidade; e combateu a divisão entre a razão, a sensualidade, a emoção e a vontade."

Stendhal acompanhou os exércitos de Napoleão por toda a Europa, visitou as ruínas de Pompeia sete vezes e admirou a Pont du Gard, ainda iluminada pela lua cheia, às cinco da manhã ("o Coliseu, em Roma, não conseguiu deixar-me em tão profundo êxtase").

Os heróis de Nietzsche também se apaixonaram repetidas vezes. "Todo o movimento do mundo tende e conduz à cópula", afirmara Montaigne. Aos 74 anos, quando passava férias em Marienbad, Goethe caiu de amores pela atraente Ulrike von Levetzow, de dezenove anos. Antes de pedir-lhe a mão em casamento (e ser recusado), ele a levou para passear e tomar chá. Stendhal, que conhecia bem e admirava *Sofrimentos do jovem Werther*, foi tão apaixonado quanto seu autor. Durante décadas, registrou detalhadamente em seus diários as conquistas amorosas. Aos 24 anos, estacionado na Alemanha com os exércitos de Napoleão, levou a filha do dono de uma estalagem para a cama e observou orgulhoso em seu diário que era "a primeira vez que vejo uma alemã ficar completamente exausta após um orgasmo. Eu a enlouqueci com minhas carícias e a deixei bastante assustada".

E, por fim, todos estes homens eram artistas ("A arte é um grande estímulo à vida", reconheceu Nietzsche) e devem ter sentido uma satisfação extraordinária ao terminarem os *Ensaios*, *Il Socrate immaginario*, *Römische Elegien* e *De l'amour*.

8

Esses eram, segundo Nietzsche, alguns dos elementos de que o ser humano naturalmente precisa para uma vida plena. Ele acrescentou um detalhe importante: era impossível atingi-la sem passar por períodos de grande infortúnio:

> E se o prazer e o desgosto estiverem tão intimamente ligados que todos aqueles que *quiserem* obter o máximo possível de um *devem* também ter o máximo possível do outro [...] existe uma escolha: ou o *mínimo possível de prazer*, em resumo, ausência de sofrimento [...] ou o *mínimo possível de desgosto*, como o preço a pagar por uma produção de prazeres e alegrias sutis em profusão que raramente já foi desfrutada? Se se decidir pelo primeiro caso e se desejar diminuir e reduzir o nível de sofrimento humano, tem-se também de diminuir e reduzir o nível de sua capacidade para a alegria.

Os mais satisfatórios projetos humanos pareciam inseparáveis de um grau de tormento; estranhamente, as origens de nossas maiores alegrias pareciam residir junto àquelas de nossos maiores sofrimentos:

> Examinem a vida das pessoas e dos povos mais brilhantes e mais produtivos e perguntem a si próprios se uma árvore que deve alcançar uma altura invejável pode prescindir do mau tempo e das tempestades e se o infortúnio e a resistência externa, alguns tipos de ódio, a inveja, a obstinação, a desconfiança, a insensibilidade, a avareza e a violência fazem, ou não, parte das condições favoráveis sem as quais qualquer grande progresso, mesmo o da virtude, quase nunca é possível.

9

Por quê? Porque ninguém é capaz de produzir uma grande obra de arte sem ter experiência, ou alcançar uma posição social de uma hora para outra, ou ser um grande amante na primeira tentativa; e no intervalo entre o fracasso inicial e o sucesso subsequente, no espaço de tempo que separa a pessoa que um dia queremos ser e a que somos no momento, devem vir a dor, a ansiedade, a inveja e a humilhação. Nós sofremos porque não conseguimos espontaneamente conhecer a fundo os ingredientes da satisfação.

Nietzsche esforçava-se para retificar a crença de que a satisfação ou é facilmente obtida ou jamais nos bate à porta, uma crença de efeitos nocivos por nos induzir a desistir prematuramente dos desafios que poderiam ter sido vencidos se ao menos nos tivéssemos preparado para as batalhas que praticamente tudo o que é valioso tem o direito de exigir.

Somos levados a pensar que os *Ensaios* brotaram da mente de Montaigne como num passe de mágica, e por isso interpretamos erroneamente nossa inépcia em nossas primeiras tentativas de escrever uma filosofia de vida como um sinal de uma incapacidade inata para a tarefa. Deveríamos, em vez disso, considerar o esforço colossal por trás de uma grande obra, o número incontável de aditamentos e revisões que os *Ensaios* exigiram.

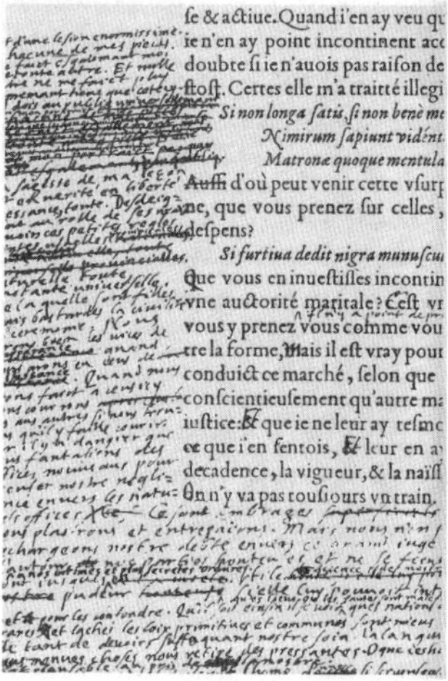
se & actiue. Quand i'en ay veu qu
ie n'en ay point incontinent acc
doubte si ie n'auois pas raison de
stost. Certes elle m'a traitté illegi
Si non longa satis, si non benè me
Nimirum sapiunt vide̅nt
Matronæ quoque mentula
Aussi d'où peut venir cette vsurp
ne, que vous prenez sur celles,
despens?
Si furtiua dedit nigra munuscu
Que vous en inuestisses incontin
vne auctorité maritale? C'est vr
vous y prenez vous comme vou
tre la forme, mais il est vray pour
conduict ce marché, selon que
conscientieusement qu'autre m
iustice: & que ie ne leur ay tesmo
ce que i'en sentois, & leur en a
decadence, la vigueur, & la naïf
On n'y va pas tousiours vn train.

O vermelho e o negro, *A vida de Henry Brulard* e *De l'amour* não foram mais fáceis. Alguns esboços de peças medíocres marcaram o início da carreira literária de Stendhal. Uma delas centrava-se no desembarque de um exército de refugiados em Quiberon (entre os personagens estariam William Pitt e Charles James Fox), outra registrava a ascensão de Bonaparte ao poder e uma terceira – cujo título provisório era *L'Homme qui craint d'être gouverné* – retratava a vida de um homem velho a caminho da decrepitude. Stendhal passava várias semanas na Bibliothèque Nationale, consultando dicionários e copiando definições de palavras como *plaisanterie*, *ridicule* e *comique*, o que não foi suficiente para transformar sua dramaturgia deprimente. Foram necessárias várias décadas de trabalho árduo antes que surgissem suas obras-primas.

Se a maioria das obras literárias é menos refinada que *O vermelho e o negro*, sugere Nietzsche, não é porque a seus autores falta talento, mas porque muitos escritores têm uma noção equivocada do grau de sacrifício que lhes é exigido. Ele assim descreveu o empenho para que se escreva um romance:

> A receita para tornar-se um bom romancista [...] é fácil de dar, mas executá-la pressupõe atributos que costumam ser negligenciados quando se diz: "Não tenho talento suficiente". É necessário apenas que se façam mais de cem esboços para um romance, e nenhum deve ultrapassar duas páginas, mas a precisão no emprego de cada palavra é fundamental; deve-se diariamente tomar nota de historietas até que se aprenda a dar-lhes a forma mais inventiva e eficaz possível; deve-se ser incansável em colecionar e descrever tipos humanos e personagens; acima de tudo, deve-se narrar casos para outras pessoas e ouvir os casos que elas têm a narrar, mantendo-se sempre os olhos abertos e os ouvidos atentos para o efeito que essas pequenas narrativas produzem em quem as ouve; deve-se viajar tanto quanto um pintor de paisagens ou de costumes [...] finalmente, deve-se refletir sobre os motivos dos atos humanos, não desprezar os sinais capazes de fornecer informações sobre eles e colecionar dia e noite todos esses dados. Deve-se persistir nesse exercício multiforme durante *cerca de dez anos*; o que, então, for criado nesse laboratório [...] estará pronto para ser mostrado ao mundo.

A filosofia implicava uma mistura curiosa de fé extrema no potencial humano (a satisfação é acessível a todos nós, assim como a produção de grandes romances) e obstinação extrema (talvez seja necessário dedicar uma década inteira ao primeiro livro).

Foi com a finalidade de nos acostumar à legitimidade da dor que Nietzsche passou tanto tempo discorrendo sobre as montanhas.

10

Uma referência alpina surge a cada poucas páginas:

> ***Ecce Homo***: Quem sabe respirar o ar de meus escritos sabe que é um ar de altitude, um ar forte. É preciso ser feito para ele, senão o perigo de se resfriar não é pequeno. O gelo está perto, a solidão é descomunal – mas com que liberdade se respira! quanto se sente *abaixo* de si! –; filosofia, tal como até agora a entendi e vivi, é a vida voluntária em gelo e altas montanhas.
>
> ***Genealogia da moral***: Seria necessária uma outra espécie de espíritos, do que, precisamente neste século, são verossímeis: [para entender minha filosofia] [...] seria necessário o hábito do ar cortante nas alturas, de mudança no inverno, de gelo e montanhas em todos os sentidos.
>
> ***Humano, demasiado humano***: Nas montanhas da verdade, jamais se escalará em vão; ou se subirá mais alto hoje ou se exercitarão suas forças para ser capaz de subir mais alto amanhã.
>
> ***Considerações extemporâneas***: Escalar mais alto que um filósofo jamais escalou no ar puro e gelado dos cumes alpinos, até onde toda a bruma e a obscuridade desaparecem e onde a constituição fundamental das coisas fala com voz firme e severa, mas inelutavelmente compreensível.

Ele pertencia – tanto no sentido prático como espiritual – às montanhas. Em abril de 1869, Nietzsche tornou-se cidadão suíço e pode hoje ser considerado como o mais importante filósofo da Suíça. Mesmo assim, vez por outra, ele sucumbia a um sentimento que poucos suíços já experimentaram. "Ser suíço me deixa angustiado", queixou-se à sua mãe, um ano após ter adquirido a cidadania.

Depois de pedir demissão de seu cargo na Universidade da Basileia, aos 35 anos, começou a passar os invernos no Mediterrâneo, principalmente em Gênova e em Nice, e os verões nos Alpes, no vilarejo de Sils-Maria, a 1,8 mil metros de altitude, na região da Engadina, no Sudeste da Suíça, a poucos quilômetros de St. Moritz, onde os ventos da Itália colidem com as rajadas mais frias do Norte e dão ao céu a cor da água-marinha.

Nietzsche visitou a Engadina pela primeira vez em junho de 1879 e logo se apaixonou pelo clima e pela topografia da região. "Agora tenho o melhor e o mais revigorante ar da Europa para respirar", revelou ele a Paul Rée, "sua natureza coaduna-se com a minha." A Peter Gast, ele escreveu: "Este lugar não é como a Suíça [...] é bem diferente, pelo menos é muito mais meridional – eu teria de subir os planaltos do México, de onde se avista o Pacífico, para encontrar algo semelhante (por exemplo, Oaxaca), e lá a vegetação seria obviamente tropical. Bem, vou tentar transformar Sils-Maria em meu lar". E a Carl von Gersdorff, um velho amigo dos tempos de escola, ele explicou: "Sinto que aqui, mais do que em qualquer outra parte, é meu verdadeiro lar e o local onde fui educado".

Nietzsche passou sete verões em Sils-Maria, em um quarto alugado em um chalé com vista para os pinheiros e as montanhas. Lá ele completou ou escreveu trechos substanciais de *A gaia ciência*, *Assim falou Zaratustra*, *Para além do bem e do mal*, *Genealogia da moral* e *Crepúsculo dos ídolos*. Costumava levantar-se às cinco da manhã e trabalhar até o meio-dia. Depois, saía a passeio e escalava os picos gigantescos que circundavam o vilarejo, Piz Corvatsch, Piz Lagrev e Piz de la Margna, montanhas pontiagudas, sem sinais de erosão, como se forças tectônicas atrozes e recentes as tivessem obrigado a romper e transpassar a crosta terrestre. À noitinha, sozinho em seu quarto, comia algumas fatias de presunto, um ovo e um pedaço de pão, e ia para a cama cedo. ("Como alguém pode se tornar um pensador se não passar ao menos um terço do dia sem paixões, gente e livros?")

Atualmente, como era de esperar, o chalé foi transformado em museu. Por alguns francos, pode-se visitar o quarto do filósofo, que foi reformado, explicam as páginas do guia turístico, "como era na época de Nietzsche, em toda a sua simplicidade".

No entanto, para se compreender por que Nietzsche julgou haver tanta afinidade entre sua filosofia e as montanhas, o mais aconselhável é sair do chalé e visitar uma das muitas lojas de artigos esportivos de Sils-Maria para adquirir um par de botas e de luvas, uma mochila, um cantil, uma bússola e uma picareta.

Uma escalada ao Piz Corvatsch, situado a poucos quilômetros da casa de Nietzsche, explicará melhor do que qualquer museu o espírito de sua filosofia, sua defesa da dificuldade e as razões que o levaram a condenar a timidez de Schopenhauer.

No sopé da montanha, encontram-se um imenso estacionamento, uma fileira de latas para lixo reciclado, um depósito de entulho e um restaurante, cujo cardápio oferece apenas salsichas engorduradas e batata rösti.

O topo, ao contrário, é sublime. Pode-se ver toda a Engadina: os lagos azuis-turquesa de Segl, Silvaplana e St. Moritz, e ao sul, perto da fronteira com a Itália, as imponentes geleiras Sella e Roseg. Paira no ar uma tranquilidade extraordinária e tem-se a impressão de poder tocar o teto do mundo. A altitude deixa o visitante sem fôlego, mas curiosamente eufórico. É difícil evitar um sorriso largo ou mesmo uma risada sem motivo, uma gargalhada inocente que brota do íntimo e expressa um prazer primitivo de se estar vivo para contemplar tamanha beleza.

Mas não é nada fácil escalar 3.451 metros acima do nível do mar para compreender a moral da filosofia nietzschiana da montanha. A escalada consome no mínimo cinco horas, durante as quais é necessário agarrar-se a atalhos íngremes, contornar penedos, atravessar florestas de pinheiros, ficar sem fôlego no ar rarefeito, vestir muitas camadas de roupa para enfrentar o vento e avançar sobre as neves eternas.

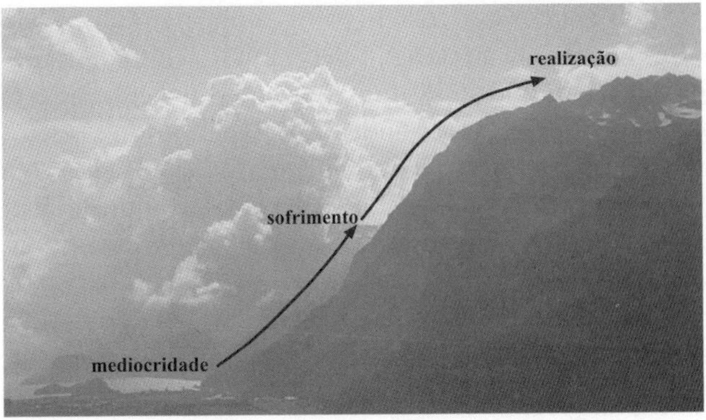

11

Nietzsche sugeriu outra metáfora alpina. A poucos passos de seu aposento em Sils-Maria uma trilha conduz ao vale Fex, um dos mais férteis de Engadina. Suas áreas em suave declive são extensivamente cultivadas. Durante o verão, vacas de diferentes raças pastam em atitude reflexiva, ruminando a grama verdejante dos prados quase luminosos, seus sinos retinindo quando se movem de um pasto para outro.

Os regatos que correm pelos campos produzem um som semelhante ao da água efervescente sendo derramada em copos. No sopé, muitas fazendas imaculadas (em cada uma delas, uma bandeira nacional ou do Cantão) mantêm hortas cuidadosamente cultivadas, de cujo solo margoso brotam couve-flor, beterraba, cenoura e alface exuberantes, tentando-nos a ajoelhar e mordiscá-las como coelhos.

Se alfaces tão bonitas crescem no vale Fex é porque se trata de uma região glacial, com a riqueza característica de um solo mineral, desde que o manto de gelo se dissolva. Muito além do vale, depois de horas de uma caminhada extenuante por caprichosas fazendas, é possível deparar-se com a própria geleira, imponente e assustadora. Tem-se a impressão de que sobre sua superfície foi posta uma toalha de mesa, à espera de que alguém elimine-lhe as dobras, mas essas dobras têm o tamanho de uma casa e são feitas de um gelo cortante como navalhas, e de vez em quando emitem urros aflitos à medida que se acomodam ao sol de verão.

Quando se contempla de perto essa geleira, é quase impossível imaginar que um bloco compacto e gigantesco de gelo desempenhe um papel importante na gestação de legumes e verduras e no florescimento de prados viçosos; a poucos quilômetros de distância do vale, é difícil acreditar que algo tão ostensivamente antitético a um campo verdejante possa ser responsável por sua fertilidade.

Nietzsche – que costumava levar consigo um lápis e um bloco de notas encadernado em couro em seus passeios pelo vale Fex ("Apenas os pensamentos que vêm à mente durante uma caminhada têm algum valor") – fez uma analogia com a dependência entre elementos positivos e negativos na vida humana, entre a satisfação e as dificuldades:

> Quando contemplamos aquelas depressões de sulcos profundos nas quais as geleiras se aninham, pensamos que dificilmente haverá um tempo em que um vale arborizado e coberto de grama, banhado por riachos, irá estender-se exatamente no mesmo local. O mesmo acontece na história da humanidade: forças selvagens abrem caminho e são essencialmente destrutivas; mas sua ação é necessária para que mais tarde uma civilização de melhor índole dê continuidade à sua estirpe. As energias terríveis – que são chamadas de mal – são como arquitetos ciclópicos e desbravadores da humanidade.

12

Mas dificuldades terríveis não são, infelizmente, o bastante. Toda vida é difícil; o que torna algumas vidas satisfatórias é a maneira de encarar o sofrimento. Todo infortúnio é um indício vago de que algo vai mal. Reverter ou não esse prognóstico depende do grau de sagacidade e de determinação daquele que sofre. A ansiedade pode desencadear o pânico ou uma análise precisa de uma conjuntura desfavorável. Um sentimento de injustiça pode conduzir ao crime ou a uma obra teórica e bem fundamentada sobre economia. A inveja pode resultar em amargura ou na decisão de se entrar em competição com um rival e na produção de uma obra-prima.

Como Montaigne – estimado por Nietzsche – explicou no capítulo final dos *Ensaios*, a arte de viver está em se fazer bom uso de nossas adversidades:

> Devemos aprender a suportar tudo aquilo que não podemos evitar. Nossa vida compõe-se, como a harmonia do mundo, de dissonâncias e de diferentes tons, maviosos ou estridentes, sustenidos e bemóis, suaves e grandiosos. Se um músico gostasse de apenas alguns deles, o que lhe restaria para cantar? Ele precisa saber como usar e combinar todas as variedades de tons. Da mesma forma devemos agir com relação ao bem e ao mal, pois são eles que formam a essência de nossa vida.

Cerca de trezentos anos depois, Nietzsche abordou o mesmo tema:

> Se fôssemos ao menos terrenos férteis, não permitiríamos que nada se tornasse inútil e veríamos em cada acontecimento, em cada coisa e em cada homem um adubo bem-vindo.

Mas como ser fértil?

13

Rafael nasceu em Urbino, em 1483. Quando criança, demonstrou tamanho interesse pelo desenho que seu pai o levou a Perúgia, para que trabalhasse como aprendiz do renomado pintor Pietro Perugino. Em pouco tempo, passou a criar seus próprios trabalhos, no final da adolescência já havia pintado vários retratos de membros da corte de Urbino, assim como retábulos para igrejas em Città di Castello, a um dia de viagem de Urbino, atravessando as montanhas na estrada para Perúgia.

Mas Rafael, um dos pintores favoritos de Nietzsche, sabia que ainda não era um grande artista, pois havia visto o trabalho de dois homens, Michelangelo Buonarroti e Leonardo da Vinci. Eles lhe mostraram que não era capaz de pintar figuras em movimento e, apesar de demonstrar aptidão para a geometria pictórica, nada entendia de perspectiva linear. Em vez de deixar que a inveja se tornasse monstruosa, Rafael a transformou em adubo.

Em 1504, aos 21 anos de idade, deixou Urbino e foi para Florença, no intuito de estudar a obra de seus dois mestres. Examinou seus cartões pictóricos na Sala do Conselho, onde Leonardo pintava a Batalha de Anghiari e Michelangelo trabalhava na Batalha de Cascina. Ele assimilou as lições de anatomia fornecidas pelos dois artistas e seguiu-lhes o exemplo, dissecando e desenhando cadáveres. Aprendeu com *Adoração dos magos*, de Da Vinci, e seus desenhos da Virgem e o Menino. Observou com atenção um retrato insólito que havia sido encomendado a Leonardo por um nobre chamado Francesco del Giocondo, que queria uma semelhança com sua esposa, uma jovem beldade de sorriso um tanto enigmático.

Os resultados do empenho de Rafael em aperfeiçoar seu talento logo tornaram-se evidentes. Podemos comparar o *Retrato de uma jovem*, desenhado por Rafael antes da mudança para Florença, e o *Retrato de uma mulher*, completado poucos anos depois.

A *Mona Lisa* forneceu a Rafael a ideia exata de como distribuir na tela um retrato em meio-corpo, em que os braços da figura humana sentada fornecem a base de uma composição piramidal. Ela lhe ensinou como traçar de forma adequada os eixos para a cabeça, ombros e mãos, com o objetivo de dar volume à figura. Enquanto a mulher que havia desenhado em Urbino parecia tolhida pela roupa e seus braços haviam sido cortados na altura do cotovelo de uma forma artificial, a mulher de Florença tinha mobilidade e naturalidade.

Rafael não adquiriu espontaneamente o domínio de seu talento; tornou-se grande porque soube reagir com inteligência a um sentimento de inferioridade que, para os pobres de espírito, seria uma fonte de desespero.

A trajetória de Rafael ofereceu uma lição nietzschiana sobre os benefícios de um sofrimento interpretado com sabedoria:

> Não falem em dom ou talento inato! Podem-se citar grandes homens que não foram muito talentosos. Eles

adquiriram grandeza, tornaram-se "gênios" (como se costuma defini-los), por intermédio de atributos sobre os quais aqueles que sabem não possuí-los não gostam de falar: todos eram dotados da mesma seriedade e perseverança de um artesão, que aprende em primeiro lugar a construir de maneira adequada as partes antes de ousar fazer o todo. Eram pacientes porque dava-lhes mais prazer executar bem as coisas pequenas e secundárias do que admirar o efeito deslumbrante do todo.

Rafael: estudos para a *Madona Niccolini-Cowper*; *Madona Niccolini-Cowper*

Rafael conseguiu – para usar termos nietzschianos – sublimar (*sublimieren*), espiritualizar (*vergeistigen*) e suprimir (*aufheben*) de forma a fertilizar as dificuldades de seu caminho.

14

Nietzsche alimentava um interesse tanto prático como metafórico pela horticultura. Em 1879, ao afastar-se de seu cargo na Universidade da Basileia, encasquetou com a ideia de tornar-se jardineiro profissional e escreveu à sua estupefata mãe: "Você sabe da minha preferência por uma vida simples e natural e, a cada dia que passa, vejo aumentar minha vontade de realizá-la. Não vejo outra maneira de restabelecer minha saúde. Preciso de um trabalho de verdade, que ocupe o meu tempo e me deixe cansado, sem que eu precise realizar um esforço mental". Ele se lembrou de uma antiga torre em Naumburgo, perto da casa de sua mãe, que planejava alugar e de cujo jardim adjacente pretendia cuidar. Sua vida de jardineiro começou com entusiasmo em setembro de 1879. Mas os problemas não demoraram a surgir. Como enxergava mal, não conseguia distinguir o que podava; sentia dificuldade em curvar-se e havia folhas demais espalhadas pela terra (era outono). Três semanas depois, admitiu que sua única alternativa era desistir.

Entretanto, vestígios de seu entusiasmo pela horticultura sobreviveram em sua filosofia. Em determinados trechos, ele propôs que nós encarássemos as dificuldades como se fôssemos jardineiros. Por suas raízes, uma planta pode parecer estranha e desagradável, mas aquele que a

conhece e acredita em seu potencial pode fazê-la florescer e frutificar – assim é a vida; em uma fase de raiz, surgem emoções e situações difíceis, que no entanto podem resultar – depois de um cultivo cuidadoso – em grandes êxitos e alegrias.

> Como um jardineiro, podemos dispor de nossa intuição e pendores e realizar o que poucas pessoas sabem, ou seja, cultivar as sementes da cólera, da piedade, da curiosidade e da vaidade de maneira tão fecunda e rendosa como se cultiva uma bela árvore frutífera em uma treliça.

Mas muitos de nós deixam de reconhecer o quanto devemos a essas sementes de dificuldades. Somos propensos a achar que a ansiedade e a inveja não têm nada de verdadeiro a nos ensinar, e as removemos como se fossem ervas daninhas emocionais. Acreditamos, conforme Nietzsche definiu, que "aquilo que é superior não pode se originar do inferior, *não pode* florescer de maneira alguma [...] tudo que é de primeira ordem deve ser *causa sui* [a causa de si mesma]".

No entanto, ele enfatizou que "as coisas boas e elevadas" estavam "habilidosamente relacionadas, unidas e entrelaçadas às [...] coisas más e ostensivamente antitéticas". "O amor e o ódio, a gratidão e a vingança, a tolerância e a revolta [...] têm a mesma raiz." Isso não significa que tenham de se *manifestar* ao mesmo tempo, mas aquilo que é positivo pode ser o resultado de algo negativo que foi bem cultivado. Daí:

> Os sentimentos de ódio, inveja, cupidez e desejo de dominação [são] determinantes da vida [...] e devem, fundamental e essencialmente, estar presentes na economia total da vida.

Eliminar toda e qualquer raiz negativa significaria simultaneamente sufocar os elementos positivos que podem brotar dessa mesma raiz e florescer em um galho mais alto da planta.

Não devemos nos sentir constrangidos por nossas dificuldades apenas pelo nosso fracasso em cultivar algo de belo a partir delas.

15

Era por sua óbvia apreciação dessa questão que Nietzsche via com admiração os gregos da Antiguidade.

Quando contemplamos a serenidade de seus templos ao cair da noite, como os que se avistam em Pesto, a poucos quilômetros de Sorrento – e que foram visitados por Nietzsche e Malwida von Meysenbug no começo de 1877 –, somos tentados a imaginar que os gregos eram um povo inusitadamente comedido, cujos templos eram a manifestação material de uma ordem que sentiam em si e em sua sociedade.

Era essa a opinião do grande classicista Johann Winckelmann (1717-1768), adotada durante gerações pela comunidade acadêmica alemã. Mas Nietzsche propôs que a civilização grega clássica esteve longe de ter florescido da serenidade. Ela foi o resultado da sublimação de forças mais sinistras:

> Quanto mais intensas e mais terríveis forem as paixões que uma época, um povo ou um indivíduo podem se permitir, porque são capazes de utilizá-las como *um recurso, mais elevada é sua cultura.*

Os templos talvez parecessem tranquilos, mas eram as flores de plantas bem cultivadas com raízes sombrias. Os festivais dionisíacos tanto mostravam a escuridão como a tentativa de controlá-la e cultivá-la:

> Nada causa mais assombro ao observador da Antiguidade helênica do que descobrir que, de tempos em tempos, os gregos transformavam, por assim dizer, em festa suas paixões e sua vocação natural para o mal e chegavam a instituir uma espécie de norma de procedimento para a celebração do que neles era demasiado humano [...] Eles consideravam essas questões demasiado humanas como inevitáveis e, em lugar de condená-las, preferiam outorgar-lhes uma prerrogativa de segunda categoria. Para tanto, regulamentavam-nas dentro dos costumes da sociedade e da religião: na verdade, tudo aquilo que no homem representava uma força motriz era rotulado de divino e inscrito nos muros de seu paraíso. Eles não repudiavam o impulso natural que se manifestava nas qualidades negativas, mas optavam por aceitá-lo e – logo após terem descoberto um número suficiente de medidas acautelatórias capazes de fornecer a essas águas revoltas um meio o mais inofensivo possível de serem canalizadas e escoadas – confiná-lo, definindo para ele dias e cultos determinados. Essa é a raiz de toda a moral da liberdade de espírito da Antiguidade.

> Concedia-se ao mal e ao suspeito [...] uma válvula de escape moderada, em vez de empreender-se um grande esforço no sentido de aniquilá-los.

Os gregos não tentavam eliminar as adversidades, eles as cultivavam:

> Toda paixão passa por uma fase que se pode chamar de no mínimo desastrosa, na qual sua vítima verga sob o peso da estupidez. Em seguida, vem o período em que o espírito se acomoda, a vítima "espiritualiza-se". Em tempos remotos, devido à estupidez da paixão, as pessoas travavam com ela uma verdadeira batalha; planejavam destruí-la [...] *Destruir* as paixões e os desejos apenas para evitar-lhes a estupidez e as consequências desagradáveis dessa estupidez nos parece nos dias de hoje ser, em si mesma, simplesmente uma forma aguda de estupidez. Foi-se o tempo em que costumávamos ficar maravilhados quando um dentista *arrancava* um dente para fazer cessar a dor.

Atinge-se a satisfação reagindo-se de maneira inteligente às dificuldades de características devastadoras. As mentalidades mais escrupulosas podem ser tentadas a extrair o molar imediatamente ou desistir de escalar o Piz Corvatsch ao primeiro obstáculo. Nietzsche nos exortou a perseverar.

16

E, longe de ser uma coincidência, nunca bebeu.

Querida mãe,
Se lhe escrevo hoje é para relatar um incidente dos mais desagradáveis e dolorosos pelo qual fui responsável. Na realidade, comportei-me muito mal e não sei se você pode ou irá perdoar-me. É com grande relutância e pesar que agora pego minha pena para redigir estas palavras, especialmente quando me lembro dos dias felizes que passamos durante a Páscoa, dias em que não permitimos que qualquer discórdia os conspurcasse. Domingo passado, embebedei-me e não tenho nenhuma desculpa para meu gesto, a não ser argumentar que não sabia qual quantidade de bebida meu organismo poderia suportar e que, durante a tarde, sentia-me um tanto excitado.

Foram essas as palavras que Friedrich, aos seus dezoito anos, escreveu à mãe, Franziska, na primavera de 1863, depois de quatro copos de cerveja sorvidos na sede da agremiação de estudantes em Altemburgo, perto da escola onde estudava. Alguns anos mais tarde, quando frequentava as universidades de Bonn e Leipzig, sentia-se irritado com seus colegas por causa da atração que sentiam pelo álcool: "Muitas vezes causaram-me extrema repugnância as manifestações de camaradagem entre os frequentadores da sede do clube [...] Mal podia suportar determinados indivíduos e seu materialismo etílico".

Associação de estudantes da Universidade de Bonn, a que Nietzsche pertencia. Na segunda fileira, vê-se Nietzsche, com a cabeça apoiada em uma das mãos. Observe-se, em primeiro plano, o barril de cerveja da associação

Essa atitude permaneceu constante em toda a vida do filosófo:

> As bebidas alcoólicas não me fazem bem; um copo de cerveja ou de vinho por dia é suficiente para transformar minha vida em um "vale de lágrimas" – em Munique habitam meus antípodas.

"Quanta cerveja há na inteligência alemã!", queixou-se ele. "Talvez o atual descontentamento europeu se deva ao fato de que nossos antepassados eram afeitos à bebida por toda a Idade Média [...] A Idade Média representou o envenenamento etílico da Europa."

Na primavera de 1871, Nietzsche passou uma semana de férias em Lugano, em companhia da irmã, no Hôtel du Parc. A conta do hotel, referente ao período compreendido entre os dias 2 e 9 de março, mostra que ele consumiu catorze copos de leite.

Não se tratava apenas de um gosto pessoal. Quem quer que buscasse ser feliz era severamente advertido a não beber nenhuma bebida alcoólica. Nunca:

> Devo aconselhar com demasiada gravidade a todos de natureza *mais espiritual* a se abster absolutamente do álcool. *Água* é suficiente.

Por quê? Porque Rafael não bebeu para livrar-se de sua inveja em Urbino, em 1504; ele escolheu ir para Florença e dedicar-se ao aprendizado que faria dele um grande pintor. Porque Stendhal não bebeu em 1805 para evitar o desespero com *L'Homme qui craint d'être gouverné*, ele cultivou o sofrimento por dezessete anos e, em 1822, publicou *De l'amour*:

> Se um indivíduo recusa-se a permitir que seu próprio sofrimento recaia sobre si mesmo durante uma hora e se tenta constantemente precaver-se contra o infortúnio e antecipar-se a ele; se encara o sofrimento e o desprazer como algo nocivo e merecedor de aniquilamento ou como um defeito da existência, então torna-se evidente que esse indivíduo abriga em seu coração [...] *a religião do comodismo.* Como essas pessoas sabem pouco a respeito da *felicidade* humana! A felicidade e a infelicidade são irmãs, são, até mesmo, gêmeas, que ou crescem juntas, ou, como no caso desses a quem me refiro, permanecem unidas em sua pequenez.

17

A antipatia de Nietzsche pelo álcool explica simultaneamente sua antipatia pela escola britânica dominante de filosofia moral: o utilitarismo e seu principal representante, John Stuart Mill. Os utilitaristas defendiam a tese de que, em um mundo governado por ambiguidades morais, a melhor maneira de julgar se uma ação estava certa ou errada era medir-se o grau de prazer e de dor que ela suscitava. Mill propôs que:

> As ações estão corretas se tendem a promover a felicidade, e erradas se tendem a produzir o reverso da felicidade. Por felicidade, entenda-se prazer e ausência de sofrimento; por infelicidade, sofrimento e a privação do prazer.

A doutrina do utilitarismo e mesmo a nação que lhe deu origem enfureceram Nietzsche:

> A vulgaridade europeia, o plebeísmo de suas ideias modernas [é obra e arte da] *Inglaterra.*
> O homem *não* se esforça para atingir a felicidade; apenas os ingleses o fazem.

Ele, naturalmente, também estava à procura da felicidade, mas simplesmente acreditava que ela não poderia ser alcançada de uma forma tão fácil e indolor, como pareciam sugerir os utilitaristas:

> Todas essas linhas de pensamento que julgam o valor das coisas em conformidade com o *prazer* e a *dor*, e de acordo com os fenômenos circunstantes e secundários, são superficiais e ingênuas. A consciência, não só do artista como a de qualquer pessoa que não ignore a existência de uma energia *criativa*, irá desprezá-las e tratá-las com escárnio.

Uma consciência do artista, porque a criação artística oferece um exemplo bastante explícito de uma atividade capaz de promover uma satisfação imensa, mas que sempre exige um imenso sofrimento. Se Stendhal tivesse medido o valor de sua arte de acordo com o "prazer" e a "dor" que ela a um só tempo lhe causou, não teria havido nenhum avanço a partir de *L'Homme qui craint d'être gouverné* e ele não teria chegado ao auge de sua energia criativa.

Nietzsche propôs que aceitássemos a dor de escalar em vez de beber cerveja na planície. Ele também fez uma sugestão aos urbanistas:

> O segredo de se transformar uma existência em um terreno fértil e propício à colheita e também em grande divertimento é – *viver perigosamente*! Construam suas cidades nas encostas do Vesúvio!

Erupção do Vesúvio, em 1879, três anos antes de o trecho anterior ter sido escrito

E, no caso de ainda existir alguém incapaz de resistir à tentação de tomar um drinque, mas que não tenha o cristianismo em alta conta, Nietzsche acrescentou outro argumento para desistir de fazê-lo. Qualquer pessoa que gostasse de beber tinha, argumentou ele, uma perspectiva de vida fundamentalmente cristã:

> Para acreditar que o vinho tem a propriedade de deixar alguém bem-disposto, eu teria de ser cristão, isto é, crer – o que, para mim em especial, é um absurdo.

18

O cristianismo fazia mais parte de sua vida do que o álcool. Nietzsche nasceu no vilarejo de Röcken, perto de Leipzig, na Saxônia. O pai, Carl Ludwig Nietzsche, era pastor, e a mãe, uma crente fervorosa, era, ela própria, filha de um pastor chamado David Ernst Oehler, que exercia seu ministério na aldeia de Pobles, a uma hora de Röcken. Seu filho fora batizado perante uma assembleia do clero local na igreja de Röcken em outubro de 1844.

Friedrich amava o pai, que havia morrido quando ele tinha apenas quatro anos de idade, e reverenciou sua memória por toda a vida. Certa vez, depois de receber alguns trocados provenientes de uma ação movida contra um editor em 1885, ele encomendou uma grande lápide para ser colocada no túmulo do pai, sobre a qual mandou inscrever uma citação do Novo Testamento (1 Coríntios 13.8):

Die Liebe höret nimmer auf
A caridade nunca falha

"Ele era a encarnação perfeita de um pastor do interior", disse Nietzsche a respeito do pai. "Ele era alto, de compleição delicada e rosto de feições suaves. Era caridoso e gentil. Sua presença era bem-vinda por toda parte, e todos o amavam por seu carisma e seu sentimento de solidariedade. Os fazendeiros o estimavam e respeitavam, e ele, com sua vocação de líder espiritual, a todos abençoava, tanto com palavras como com ações."

No entanto, esse amor filial não impediu Nietzsche de guardar profundas reservas quanto ao consolo que seu pai e o cristianismo em geral ofereciam àqueles que sofriam:

> Lanço contra a Igreja as mais terríveis palavras de acusação que qualquer promotor jamais proferiu. Para mim, ela é a forma mais extrema de corrupção que se possa conceber [...] nada escapa à sua depravação [...] Considero o cristianismo a *única* grande praga, a *única* grande depravação intrínseca [...]

> Faz muito bem aquele que calça luvas para ler o Novo Testamento. A proximidade com tanta sujeira quase nos força a isso... Tudo que o cristianismo prega é a covardia, a autoilusão e a alienação do ser humano quanto à sua própria condição [...] Será que ainda preciso acrescentar que em todo o Novo Testamento existe uma *única* e solitária figura que se deve respeitar? Refiro-me a Pilatos, governador romano da Judeia.

E com bastante simplicidade:

> É indecente ser cristão hoje em dia.

19

De que forma o Novo Testamento nos oferece consolo para nossas dificuldades? Sugerindo que muitas delas não podem, de maneira alguma, ser consideradas dificuldades e sim virtudes:

> *Se alguém está preocupado com sua timidez, o Novo Testamento assinala:*
> Bem-aventurados os mansos, porque eles herdarão a Terra. (Mateus 5.5)
> *Se alguém está preocupado com o fato de não ter amigos, o Novo Testamento sugere:*
> Bem-aventurados sereis quando os homens vos aborrecerem, e quando vos separarem, e vos injuriarem e rejeitarem o vosso nome como mau [...] porque grande é o vosso galardão no céu. (Lucas 6.22, 23)
> *Se alguém está preocupado com a exploração de seu trabalho, o Novo Testamento aconselha:*
> Vós, servos, obedecei em tudo a vossos senhores segundo a carne [...] Sabendo que recebereis do Senhor a herança, porque a Cristo, o Senhor, servis. (Colossenses 3.22, 24)
> *Se alguém está preocupado com a falta de dinheiro, o Novo Testamento diz:*
> É mais fácil passar um camelo pelo buraco de uma agulha do que entrar um rico no Reino dos céus. (Marcos 10.25)

Provavelmente existem diferenças entre tais passagens bíblicas e um drinque, mas Nietzsche insistia em uma equivalência essencial. Tanto o cristianismo como o álcool têm o poder de nos convencer de que são verdadeiras as deficiências que, em nosso íntimo, previamente julgávamos ter e de que o mundo não requer atenção; ambos enfraquecem nossa decisão de cultivar nossos problemas; ambos nos negam a chance de satisfação:

Os dois grandes narcóticos europeus, o álcool e o cristianismo.

O cristianismo, segundo a exposição nietzschiana, brotou da mente de escravos tímidos do Império Romano, que não tinham fibra suficiente para escalar ao topo das montanhas, e assim construíram para si uma filosofia que elegia o sopé como o lugar ideal. Os cristãos haviam desejado desfrutar os verdadeiros ingredientes da satisfação (ascensão social, sexo, proficiência intelectual, criatividade), mas não tiveram coragem de enfrentar as dificuldades que tais privilégios exigiam. Passaram, então, a modelar um credo hipócrita, condenando o que almejavam mas eram fracos demais para tentar obter e, ao mesmo tempo, glorificando o que não desejavam mas que tinham por acaso. A impotência tornou-se "generosidade"; a inferioridade, "humildade"; a submissão a pessoas odiadas, "obediência"; e, segundo as palavras de Nietzsche, a "incapacidade de vingar-se" foi transformada em "perdão". Todo e qualquer sentimento de pusilanimidade era revestido de santidade e distorcido para parecer "uma conquista voluntária, algo desejado, escolhido, uma proeza, uma realização". Adeptos da "religião do comodismo", os cristãos, em sua escala de valores, haviam dado prioridade ao que era fácil, não ao que era desejável, e dessa forma drenaram o potencial da vida.

20

Ter uma perspectiva "cristã" da dificuldade não se limita apenas aos membros da Igreja Cristã; para Nietzsche, trata-se de uma possibilidade psicológica permanente.

Todos nós nos tornamos cristãos quando professamos uma indiferença diante de nossos anseios mais secretos, que não conseguimos concretizar; ou quando proclamamos alegremente que não necessitamos de amor ou de ascensão social, de dinheiro ou de sucesso, criatividade ou saúde – enquanto nossos lábios contraem-se num esgar de amargura; e travamos uma batalha silenciosa contra tudo a que renunciamos publicamente, atirando do alto dos parapeitos, de tocaia sobre as árvores.

De que maneira Nietzsche teria preferido que abordássemos nossos contratempos? Continuando a acreditar naquilo que almejamos, *mesmo se não o possuímos e talvez nunca venhamos a possuí-lo.* Ou, em outras palavras, resistindo à tentação de denegrir e tachar de nocivos determinados privilégios porque se mostram difíceis de proteger – um padrão de comportamento do qual a própria vida infinitamente trágica de Nietzsche nos oferece talvez o melhor exemplo.

21

Desde muito cedo, Epicuro tornou-se um dos filósofos favoritos de Nietzsche, que se referia a ele como "tranquilizador espiritual da Antiguidade", "um dos homens mais brilhantes, o criador de uma maneira de filosofar heroica e idílica". O que particularmente o atraía em Epicuro era a ideia de que a felicidade estava na convivência com amigos. Mas foram raras as ocasiões em que Nietzsche conheceu tal felicidade: "Nosso destino é sermos eremitas intelectuais e travar conversas ocasionais com algumas pessoas cuja mentalidade se assemelhe à nossa". Aos trinta anos de idade, ele começou a compor uma ode à solidão (*Hymnus auf die Einsamkeit*), mas não teve disposição suficiente para terminá-la.

As tentativas de encontrar uma esposa resultavam sempre em pesadelo. Boa parte do problema talvez se devesse à sua aparência – ele insistia em usar um bigode incrivelmente vasto, que praticamente cobria-lhe os lábios –, e à sua timidez, responsável por uma conduta tão gauche e inflexível quanto a de um coronel aposentado. Na primavera de 1876, durante uma viagem a Gênova, Nietzsche apaixonou-se por uma jovem loura de 23 anos e belos olhos verdes, Mathilde Trampedach. Em uma de suas conversas sobre a poesia de Henry Longfellow, Nietzsche mencionou que nunca havia lhe caído nas mãos uma tradução para o alemão do poema "Excelsior". Mathilde respondeu que tinha em casa o poema e ofereceu-se para copiá-lo. Encorajado, o filósofo a convidou para um passeio. Ela aceitou, mas levou consigo sua senhoria como dama de companhia. Alguns dias depois, ele dispôs-se a tocar piano para ela e no dia seguinte ela recebeu do professor de filologia clássica da Universidade da Basileia, então com 31 anos, uma carta com um pedido de casamento. "Você não acha que, juntos, cada um de nós se sentirá melhor e mais livre do que nos sentiríamos se continuarmos sozinhos – e assim tudo ficaria *excelso*?", arriscou o "coronel", em tom brincalhão. "Você gostaria de se aventurar comigo [...] pelos caminhos da vida e do pensamento?" Mathilde preferiu não se aventurar.

Uma série de rejeições semelhantes cobrou seu preço. Diante da depressão e de sua saúde débil, Richard Wagner concluiu que haveria dois tratamentos possíveis: "Nietzsche deve casar-se ou escrever uma ópera". Mas Nietzsche não era capaz de compor uma ópera e tampouco tinha talento para escrever uma melodia decente. (Em julho de 1872, enviou ao maestro Hans von Büllow um dueto para piano que havia escrito, pedindo-lhe que fizesse uma apreciação sincera. Von Büllow respondeu que se tratava "do disparate mais grotesco e do fraseado mais irritante e antimusical que há muito não via em uma partitura", que tudo não passava de uma brincadeira de Nietzsche. "Você rotulou sua música de 'espantosa' – e é, de fato.")

Wagner mostrou-se mais insistente. "Pelo amor de Deus, case-se com uma mulher rica!", aconselhou-o enfaticamente, e entrou em contato com o médico de Nietzsche, Otto Eiser, com quem especulou sobre a saúde débil do filósofo ser causada por masturbação excessiva. Wagner talvez não tenha percebido a ironia, pois a única mulher rica por quem Nietzsche era verdadeiramente apaixonado era sua própria mulher, Cosima. Durante anos, Nietzsche teve o cuidado de disfarçar seus sentimentos por ela sob a capa de uma amizade solícita. Apenas uma vez, quando já havia perdido a razão, deixou a verdade vir à tona. "Ariadne, amo-te", escreveu em um cartão-postal enviado de Turim nos primeiros dias de janeiro de 1889 e assinado "Dioniso".

Não obstante, Nietzsche concordava de forma intermitente com a tese wagneriana sobre a importância do casamento. Em uma carta ao amigo Franz Overbeck, que era casado, ele se lamentou: "Graças à sua mulher, as coisas para você são cem vezes melhor do que para mim. Vocês construíram um ninho. Eu tenho, na melhor das hipóteses, uma *caverna* [...] Um contato ocasional com alguém me parece uma festa, uma redenção de 'mim mesmo'".

Em 1882, reacenderam-se as esperanças de ter encontrado uma esposa que lhe conviesse, Lou Andreas-Salomé, sua maior e mais sofrida paixão. Lou Salomé tinha 21 anos, era bonita, inteligente, insinuante e fascinada por sua filosofia. Nietzsche tornou-se indefeso.

"Não quero mais ser um solitário. Quero reaprender a ser um ser humano. Ah, quanto a isso, tenho praticamente tudo a aprender!", disse-lhe ele. O casal passou duas semanas na floresta de Tautemburgo e em Lucerna posaram com seu amigo comum, Paul Rée, para uma fotografia incomum.

Mas Lou estava mais interessada em Nietzsche como filósofo do que como marido. Mais uma vez a rejeição o atirou em um estado depressivo mais duradouro e exacerbado. "Minha insegurança agora é imensa", confessou ele a Overbeck. "Tudo o que me chega aos ouvidos me faz pensar que as pessoas me desprezam." Sua amargura tinha como alvo principal a mãe e a irmã, que haviam se intrometido em seu relacionamento com Lou e se afastado do casal, agravando-lhe a sensação de isolamento. ("Não gosto da minha mãe, e a voz da minha irmã causa-me uma certa ojeriza. Sempre adoecia quando estava em companhia das duas.")

Havia dificuldades profissionais também. Antes de ser atingido pela insanidade, nenhum de seus livros conseguiu vender mais de 2 mil exemplares; a maioria vendia algumas centenas. Uma pensão modesta e algumas ações herdadas de uma tia garantiam-lhe uma sobrevivência comedida. Nietzsche não tinha recursos para comprar roupas novas, e as que usava, poucas e surradas, acabaram por fazê-lo parecer, segundo suas próprias palavras, "tosquiado como um carneiro montês". Nos hotéis, hospedava-se sempre nos quartos mais baratos, suas contas estavam sempre em atraso e não lhe sobrava dinheiro sequer para desfrutar calefação ou o presunto e as salsichas que tanto apreciava.

Os problemas de saúde não eram menos graves. Desde os tempos de estudante, vivia atormentado por uma série de enfermidades: dores de cabeça, indigestão, vômitos, vertigens, graves deficiências de visão e insônia; muitos sintomas eram atribuídos à sífilis, possivelmente contraída em um bordel de Colônia, em fevereiro de 1865 (embora Nietzsche sempre tivesse alegado ter saído sem tocar em nada, exceto em um piano). Em uma carta a Malwida von Meysenbug, escrita três anos após sua viagem a Sorrento, ele explicou: "Quanto ao tormento e à renúncia, minha vida, nestes últimos anos, pode ser comparada à de um asceta de qualquer época". E a seu médico, ele relatou: "Dores constantes, uma sensação de hemiplegia, um estado próximo ao dos mareados, durante o qual sinto dificuldades de falar – essas sensações prolongam-se por várias horas por dia. Para minha diversão tenho ataques apopléticos (o mais recente forçou-me a vomitar durante três dias e três noites; fico mortalmente sedento). Não consigo ler! Raramente consigo escrever! Não suporto a companhia de ninguém! Não consigo ouvir música!".

Finalmente, no começo de janeiro de 1889, Nietzsche teve um colapso na Piazza Carlo Alberto, em Turim, e abraçou um cavalo, sendo conduzido de volta a sua pensão, onde tramou o assassinato do Kaiser, planejou uma guerra contra os antissemitas e nutriu a certeza de que era – dependendo da hora – Dioniso, Jesus Cristo, Deus, Napoleão, o rei da Itália, Buda, Alexandre, o Grande, César, Voltaire, Alexander Herzen e Richard Wagner; em seguida foi despachado em um trem e internado em uma clínica na Alemanha para receber os cuidados de sua mãe idosa e sua irmã até a morte, onze anos mais tarde, aos 55 anos.

22

No entanto, em sua apavorante solidão, no ostracismo, na pobreza e na doença, Nietzsche não manifestou o comportamento do qual havia acusado os cristãos; não repudiou a amizade, não atacou a fama, a riqueza ou o bem-estar. O abade Galiani e Goethe continuaram heróis. Embora Mathilde tivesse desejado apenas trocar algumas palavras sobre poesia, ele não deixou de acreditar que "para a doença masculina do autodesprezo o remédio mais eficaz é ser objeto do amor de uma mulher inteligente". Mesmo doente e sem aptidão para andar a cavalo tão bem quanto Montaigne ou Stendhal, continuou ligado à ideia de levar uma vida ativa: "Ler um livro, logo pela manhã, ao nascer do sol, quando se está no auge do vigor físico e do frescor espiritual – chamo isso de mórbido!".

Ele tentou arduamente ser feliz, mas seu fracasso não o fazia voltar-se contra o que havia tentado obter. Continuou empenhado com o que julgava a mais importante característica de um ser humano nobre: ser alguém que "*nunca renuncia*".

23

Depois de sete horas de caminhada, muitas das quais na chuva, estava completamente exausto quando cheguei ao topo do Piz Corvatsch, muito acima das nuvens que recobriam os vales da Engadina. Em minha mochila, trazia um cantil, um sanduíche de queijo emental e um envelope do hotel Edelweiss, em Sils-Maria, sobre o qual eu havia, naquela manhã, copiado uma citação do filósofo das montanhas, com a intenção de, a 3,4 mil metros de altura e voltado para a Itália, ler suas palavras ao vento e aos rochedos.

Como seu pai, ele havia dedicado a vida à tarefa de consolar. Como seu pai, ele havia desejado apontar o caminho da satisfação. Mas, ao contrário dos pastores e dos dentistas que arrancam um dente que lateja, ou dos jardineiros que destroem plantas cujas raízes adoecem, Nietzsche viu nas dificuldades um pré-requisito decisivo da satisfação e concluiu que as formas açucaradas de consolação eram, em sua essência, mais cruéis do que úteis:

> O combate às doenças da humanidade gerou uma doença ainda mais grave. A longo prazo, o que parecia a cura acabou por agravar os males que pretendiam eliminar. Por ignorância, acreditou-se que os métodos de efeito imediato que só faziam entorpecer e inebriar, *as supostas consolações*, eram verdadeiras curas. Ninguém foi capaz de perceber [...] que, muitas vezes, o preço que se pagava por esse alívio imediato trazia um agravamento geral e profundo do sofrimento.

Nem tudo que nos faz sentir melhor é bom para nós. Nem tudo que magoa pode ser ruim.

Considerar *os estados de infortúnio* em geral como um obstáculo, como algo que deve ser *abolido*, é a [suprema estupidez], representa um verdadeiro desastre em suas consequências... quase tão estúpido quanto a pretensão de se abolir o mau tempo.

Notas

Consolação para a impopularidade

Em parte extraído de uma menção de Aristofánes e citações do *Fédon* de Platão, o retrato de Sócrates é composto a partir dos primeiros e dos diálogos intermediários de Platão (os chamados "diálogos socráticos"): *Apology, Charmides, Crito, Euthydemus, Euthyphro, Gorgias, Hippias Major, Hippias Minor, Ion, Laches, Lysis, Menexenus, Meno, Protagoras e Republic, livro I.*

Citações extraídas de:

The Last Days of Socrates, Platão, traduzido por Hugh Tredennick, Penguin, 1987

Early Socratic Dialogues, Platão, traduzido por Iain Lane, Penguin, 1987

Protagoras and Meno, Platão, traduzido por W. K. C. Guthrie, Penguin, 1987

Gorgias, Platão, traduzido por Robin Waterfield, OUP, 1994

p.10 Enquanto...vezes: *Apology*, 29d

p.21 Sempre...ângulos: *Laches*, 188a

p.25 Vamos...corajoso: *Laches*, 190e-191a

p.25 Segundo...batalha: *Laches*, 191c

p.27 Quando...inevitável: *Meno*, 78c-79a

p.37 Negligenciei...cidades: *Apology*, 36b

p.38 Tentei...prática: *Apology*, 36b

p.38 Insistirei...concidadão: *Apology*, 29d

p.39 Não...estreita: *Apology*, 36a

p.42-43 Se...escolha: *Gorgias*, 472a-b

p.43 Polos...réu: *Gorgias*, 471e-472a

p.45 Quando...alheia: *Crito*, 47b

p.45 Você...dizer: *Crito*, 47a-48a

p.47 Estou...exíguo: *Apology*, 37a-b

p.49 Se...dormir: *Apology*, 30d-31a

p.51 Sua...cela: *Phaedo*, 116c-d

p.51-52 Ao...Sócrates: *Phaedo*, 117a-d

p.52 Que...amigos!: *Phaedo*, 117d

p.52 E...conheci: *Phaedo*, 118a

Consolações para quando não se tem dinheiro suficiente

Citações extraídas de:

The Essential Epicurus, Epicuro, traduzido por Eugene O'Connor, Prometheus Books, 1993

The Epicurean Inscription, Diógenes de Oinoanda, traduzido por Martin Ferguson Smith, Bibliopolis, 1993

On the Nature of the Universe, Lucrécio, traduzido por R. E. Latham, revisado por John Godwin, Penguin, 1994

p.64 Não...formas: *Fragments*, VI.10

p.64 O...feliz: *Letter to Menoeceus*, 128

p.65 A...incluídos: *Fragments*, 59

p.65 O...feliz: *Letter to Menoeceus*, 122

p.70 um...enfermidade: Lucrécio, *De Rerum Natura*, III.1070

p.70 Assim...alma: *Fragments*, 54

p.72 Mande-me...quando: *Fragments*, 39

p.73 De...amizade: *Principal Doctrines*, 27

p.73 Antes...lobo: Citado em Sêneca, *Epistle*, XIX.10

p.74 Precisamos...representam: *Vatican Sayings*, 58

p.75 [O...agradável: *Letter to Menoeceus*, 126

p.76 o...esperamos: *Letter to Menoeceus*, 124-125

p.76 Não...viver: *Letter to Menoeceus*, 125

p.77 Com...necessários: *Principal Doctrines*, 29

p.78 A...suprimido: *Letter to Menoeceus*, 130

p.79 Com...privar: Porphyry reportando a visão de Epicuro em *On Abstinence*, I.51.6-52.1

p.80 Nada...pouco: *Fragments*, 69

p.80 A...realizá-lo?: *Vatican Sayings*, 71

p.82 A... extraordinária: *Vatican Sayings*, 81

p.83 opiniões vãs: *Principal Doctrines*, 29

p.85 Comidas...carne: Diógenes de Oinoanda, fragmento 109

p.85 Deve...transbordar: Diógenes de Oinoanda, fragmento 108

p.85 Os...natural: Diógenes de Oinoanda, fragmento 2

p.85-86 Já...salvação: Diógenes de Oinoanda, fragmento 3 (adaptado)

p.86 escolhido...sentidos: Lucrécio, *De Rerum Natura*, V.1133-4

p.87 Mande-me...quando: *Fragments*, 39

p.87-88 Sabemos...verdejante: Lucrécio, *De Rerum Natura*, II.20-33

p.88 Quando...pobreza: *Vatican Sayings*, 25

p.89 A...mar…: Lucrécio, *De Rerum Natura*, v.1430-5
p.89 É...bem: *Letter to Menoeceus*, 129

Consolação para a frustração

Citações extraídas de:

The Annals of Imperial Rome, Tacitus, traduzido por Michael Grant, Penguin, 1996
The Twelve Caesars, Suetonius, traduzido por Robert Graves, Penguin, 1991
Dialogues and Letters, Sêneca, traduzido por C. D. N. Costa, Penguin, 1997
Letters from a Stoic, Sêneca, traduzido por Robin Campbell, Penguin, 1969
Moral Essays, volume I, Sêneca, traduzido por John W. Basore, Loeb-Harvard, 1994
Moral Essays, volume II, Sêneca, traduzido por John W. Basore, Loeb-Harvard, 1996
Moral and Political Essays, Sêneca, traduzido por John M. Cooper e J. F. Procopé, CUP, 1995
Naturales Quaestiones I & II, Sêneca, traduzido por T. H. Corcoran, Loeb-Harvard, 1972

p.96: Onde...preceptor: *Tacitus*, XV.62
p.96 Não...meu: *Tacitus*, XV.63
p.97 Quando...imperturbável: *Epistulae Morales*, CIV.28-9
p.99 O monstro: Suetonius, *Caligula*, IV.22
p.99 Gostaria...cabeça!: Suetonius, *Caligula*, IV.30
p.100 Devo...ela: *Epistulae Morales*, LXXVIII.3
p.103 Não...vícios: *De Ira*, II.36.5-6
p.104-105 A...humor: *De Ira*, II.21.7
p.105-106 Para...pilastras?: *De Ira*, I.19.4
p.106 Por que...cair: *De Ira*, II.25.3
p.106 Para...conversando?: *De Ira*, III.35.2
p.106 É...mal?: *De Ira*, II.31.4
p.108 Nada...fazer: *Epistulae Morales*, XCI, 15
p.109 Nada...acontecer: *Epistulae Morales*, XCI.4
p.109 O...Fortuna: *De Consolatione ad Marciam*, XI.3
p.110 Você...aconteceu…?: *De Consolatione ad Marciam*, IX.5
p.110 Quem...imutável: *Naturales Quaestiones*, I.VI.II-12
p.111 O...eterno: *De Consolatione ad Marciam*, IV.1
p.111-112 Nunca...paternos: *De Consolatione ad Marciam*, IX.1-2
p.112 Nenhuma...hora: *De Consolatione ad Marciam*, X.4
p.112 [Os...pensamento…: *De Ira*, II.10.7
p.112 Nenhuma...fato: *Epistulae Morales*, LXXII.7

p.112 Nada...turbilhão: *Epistulae Morales*, XCI.7
p.112-113 Qualquer...impérios: *Epistulae Morales*, XCLI.6
p.113 Com...ruínas: *Epistulae Morales*, XCI.9
p.113 Vivemos...morrer: *Epistulae Morales*, XCI.12
p.113 Mortal...luz: *De Consolatione ad Marciam*, XI.1
p.113 Não...tudo: *De Ira*, II.31.4
p.113 *Quotiens...petisti*: *De Consolatione ad Marciam*, XI.3
p. 116 Não...condene: *Epistulae Morales*, XIV.16
p.118 Você...esperança: *Epistulae Morales*, XXIV.1
p.118 Se...acontecer: *Epistulae Morales*, XXIV.1-2
p.119 Se...preso?: *Epistulae Morales*, XXIV.3
p.119 Eu...momento?: *Epistulae Morales*, XXIV.17
p.119 O...escassez: *Epistulae Morales*, XVIII.9
p.119 Esta...Fortuna: *Epistulae Morales*, XVIII.5-9
p.120 Parem...sabedoria: *Vita Beata*, XXIII.1
p.120 Desprezarei...parte: *Vita Beata*, XXV.5
p.121 O...mesmo: *De Constantia*, V.4
p.121 O...restar: *Epistulae Morales*, IX.4
p.121 O...alto: *Vita Beata*, XXII.2
p.121 O...situação: *Epistulae Morales*, IX.5
p.122 Nunca...mim: *Consolation to Helvia*, V.4
p.125 certa...espírito: *De Constantia*, X.3
p.126 Aquele...honra: *De Constantia*, X.2
p.126 [O...errôneas: *Epistulae Morales*, LXXXI-25
p.126 Eu...humanidade: *Epistulae Morales*, VI.7
p.127 Imagine...brados: *Epistulae Morales*, LVI.1-2
p.128 Deixemos...interior: *Epistulae Morales*, LVI.5
p.131 Quando...reservou: Bishop Hippolytus, *Refutation of All Heresies*, I.21 (citado em A. A. Long & D. N. Sedley, *The Hellenistic Philosophers*, CUP, 1987, volume I, p. 386)
p.131-132 Ao...esmagador: *De Ira*, III.16.I
p.132 Ao...sobrecarregado: *De Tranquillitate Animi*, XIV.3
p.134 Um...catapulta: *Naturales Quaestiones*, II.16
p.135 Entre...liberdade: *Naturales Quaestiones*, VI.31.1-2
p.136 O...suportado: *Epistulae Morales*, CVII.7-9
p.136 *Quid...est*: *De Consolatione ad Marciam*, XI.1

Consolação para a inadequação

Citações extraídas de:
The Complete Essays, Michel de Montaigne, traduzido por M. A. Screech, Penguin,

1991. As notas se referem primeiramente ao número do livro, seguido pelo número do ensaio e, por último, pelo número da página.

p.140 Mal...alfaces: II.17.741
p.140 É...dia: III.3.933
p.140 uma…desimpedida: III.3.933
p.141 o...existiu: II.12.558
p.141 um...espírito: II.10.463
p.141 A...livros: III.3.932
p.143 Não...aflições: II.12.544
p.143 O...levou: II.12.544
p.145 a...rato: II.37.870
p.145 Ao...seguinte: II.12.534
p.145 basta...comprimento: II.12.534
p.145 Eis...Trebizond?: II.12.517
p.146 Seria...Pirro?: I.14.57
p.146 Fomos...excessivo: II.12.541
p.147 Constatar...imbecis: III.13.219
p.147 Uma...relevante: III.5.1005
p.148 Quando...intratável: II.12.637
p.148 Imagine...espírito: II.37.865
p.149 o...elas: I.21.115
p.149 bastante...indiscreto: I.21.116
p.149 muito...morte: I.21.116
p.149 [Essa...esvazia: III.5.994
p.150 Ele...adicional: I.3.15
p.150 A...ser: III.13.1261
p.151 A...capaz: I.21.112
p.151 admitir...leve: I.21.112
p.152 A...dele: I.21.115
p.152 para…ofensa: II.29.801
p.152 Se...inadequado: I.21.115
p.153 cada...humana: III.2.908
p.153 *Au...cul*: III.13.1269
p.153 *Le...aussi*: III.13.1231
p.154 As...dentes: III.5.956
p.155 Ela...vala: III.5.967
p.155 bruxa velha: III.5.967
p.156 Tivesse...nu: Nota introdutória
p.157 Cada...inteiro: III.5.1004
p.157 Em...exercê-la!: III.5.992
p.157 De...interrupções: III.13.1232
p.157-158 Eu...cama: III.13.1232
p.158 Quando...ponderado: III.5.992
p.158 Para...capacidade?: III.9.1119
p.158 Não...existência: III.9.1121
p.159 Será...homem?: III.5.1010
p.162 Basta...desconhecido: III.9.1114
p.164 É...utilizamos: III.13.1226
p.164 Cada...assombro: III.13.1226
p.165 Quando...mundo: I.26.176
p.165 Eles...molho: I.23.123
p.165 esticavam...cordas: II.12.647
p.166 recolhiam...linho: I.23.125
p.166 No...costas: II.12.538
p.168 Seu...esposas: I.31.234

p.168 Uma...marido: I.31.239
p.171 Não...reverência: II. 12. 521
p.171 Ah!...culotes...: I.31.241
p.173 O...seja!: I.31.231
p.174 Para...país: I.23.126
p.174 Ao...sabia: II.12.558
p.176 a...clareza: II.12.606
p.177 aquela...mesma: III.13.1220
p.177 Todos...alturas: II.12.613
p.178 O...fogo: III.9.1110
p.178-179 Estávamos...outro: I.28.212
p.179 Pessoas...costura: I.28.211
p.179 *Luy...image*: III.9.1112
p.180 Na...vida: I.28.217
p.180 lembranças...mal: p.125, *Montaigne's Travel Journal*, traduzido por Donald M. Frame, North Point Press, 1983
p.181 Muitas...livraria: III.9.1109
p.185 Se...compreendido: II.12.543
p.186 Que...gota...?: II.12.542
p.186 É...palavras: II.17.749
p.186-187 Não...errado: I.25.153-4
p.187 Na...alguma: II.17.730
p.187 Já...tênis: I.25.256
p.188 Sempre...pisam: II.12.604
p.188 Tomar...feitos: III.2.912
p.189 Cerca...direção: II.29.800
p.189 Quero...acabar: I.20.99
p.189 Mal...alfaces: II.17.741
p.189-190 Talvez...física: III.5.971
p.190 Sei...moral: I.21.117
p.190 Se...figa!: I.38.264
p.190 A...ser:I.13.1261
p.191 A...reitores: II.12.542
p.191 Não...tempo: II.17.740
p.191 Prefiro...interesse: I.39.276
p.191-192 Nunca...outro: II.10.459
p.193 A...pagamento: II.12.566
p.193 Assim...Paris: I.26.194
p.194 Os...pompa: III.12.1173
p.195 Os...próprio: II.17.746
p.195 Escrevo...francês: III.5.989
p.196 Cometo-os...frequência: III.5.989
p.197 Sempre...anal: I.25.155
p.197-198 Em...tudo: I.26.170
p.199 Às...reputação: II.10.458
p.199 Ninguém...nascido: Sêneca, *Consolation to Helvia*, XV.4
p.199 Se...consequências: III.12.1196
p.200 Meus...origem: III.2.912
p.200 Mesmo...famílias: III.2.912
p.201 Sabemos...nós: I.25.154
p.201 A...citação: III.12.1197
p.202 Será...inúteis?: II.10.465
p.202 Os...mente: II.10.464
p.203 Existem...absoluta: III.13.1212
p.203 Se...sujeito: III.13.1218
p.203 Cada...pensa: III.12.1175
p.204 É...rica: III.2.908
p.204 Não...melão: III.13.1251
p.204 Primeiro...combinam: III.13.1252

p.204 Meus...refeições: III.13.1250
p.204 Na…dedos: III.13.1255
p.204 Posso...prato: III.13.1230

Consolação para um coração partido

Citações extraídas de:

Parerga and Paralipomena, volumes I e II, Arthur Schopenhauer, traduzido por E. F. Payne, OUP, 1972 (abreviado como P1 e P2)

The World as Will and Representation, volumes I e II, Arthur Schopenhauer, traduzido por E. F. J. Payne, Dover Publications, 1996 (abreviado como W1 e W2, seguido pelo número da página)

Manuscript Remains (4 volumes), Arthur Schopenhauer, compilado por A. Hübscher, Berg, 1988 (abreviado como MR)

Gesammelte Briefe, Arthur Schopenhauer, compilado por A. Hübscher, Bonn, 1978 (abreviado como GB)

Gespräche, Arthur Schopenhauer, compilado por A. Hübscher, Stuttgart, 1971 (abreviado como G)

Schopenhauer und die wilden Jahre der Philosophie, Rüdiger Safranski, Rowohlt,1990

p.209 Podemos...nada: P2.XII.156
p.209 A...equívoco: P2.XI.287
p.209 Hoje...aconteça: P2.XII.155
p.209 Já...desespero: MR4.2.121
p.210 Aos...rumo: MR4.2.36
p.210 Lamento...nação: Safranski, p.74
p.211 Estes...decompostos: Safranski, p.78
p.211 análise...humana: Safranski, p.48
p.212 a...esforços: G.15
p.212 sereno...sempre!: Safranski, p.267
p.212 O...interessante: GB.267
p.213 Às...agradável: MR1.597
p.213 Um...monólogos?: MR3.1.50
p.213-214 Devemos...clima: MR1.628
p.214 Apaixonei-me...mim…: G.239
p.214 Somente…largos: P2.XXVII.369
p.214 Toda...sofrimento: MR3.1.76
p.214 Muito...traiçoeiros: MR3.1.26
p.214 Suas...lunáticos: P1.3.144
p.214 Geralmente...papa: MR3.3.12
p.215 Casar...recíproca: MR4.7.50
p.215 Entre...uma!: MR4.4.131
p.215 qualquer…gênero: GB.83
p.215 uma...burguesa: GB.106
p.215 Se...coração: MR3.1.139

p.215 Quantas...lebres: MR3.4.26
p.215 Depois...misantropia: P1.VI.482
p.216 Eu...costas: G.58
p.216 A...ilusões: P2.XI.146
p.216 pequena...aproximar: Safranski, p.419
p.216 Sempre...coração: MR4.7.25
p.216-217 Apesar...acorrentados: P2.XII.153
p.217 cujo...índole: G.88
p.217 bípedes comuns: Safranski, p.422
p.218 Há...ruídos: W2.30
p.218 o...povos: W1.356
p.218 Dois...maneira: Safranski, p. 427
p.219 Se...vontade: MR3.2.90
p.219 Quanto...Descartes: W2.243
p.220 Minha...talento: W, prefácio, 1.844
p.220 O...sinceridade: P.I.298
p.220 a...fama: Safranski, p.18
p.221 Será...comezinhas?: MR3.11.5
p.221 babá...grande: P2.614-26
p.221 Ela...casado: G.225
p.222 Consigo...filosófica: MR4.7.102
p.222 a...equívoco: P2.XI.287
p.225 Não...trabalhada: W2.532
p.225 O...felicidade: W2.533
p.227 Por que...seriedade: W2.534
p.227 O...futuro: W2.534
p.228 [O...tudo: W2.210
p.228 [Ele...vontade: W2.209
p.231 O...indivíduo: W2.536
p.231-232 Há...humano: W2.549
p.233 Todos...gerado: W2.546
p.233 A...exatidão: W2.546
p.233 Conseguir...sorte: W2.558
p.234 O...interesse: W2.555
p.235 Quantas...Diabo: P2.XIV.166
p.235 Tudo...espécie: W2.558
p.235 A...atual: W2.557
p.238 O...procriação: W2.545
p.238 entre...intrínseca: W2.536
p.240 Cavar...vida: W2.354
p.240 Contemple...infindáveis: W2.353
p.241 O...desapontamento: W2.634
p.241-242 O...oferecer: P1.VI.480
p.244 O...amplo: W2.427
p.245 Lotte...proporcionar!: *The Sorrows of Young Werther*, Goethe, traduzido por Michael Hulse, Penguin, 1989, p.115
p.245 A...pessoas: P2.XIX.208
p.246 No...sofreu: W1.206

Consolação para as dificuldades

Citações extraídas de:
Daybreak, Friedrich Nietzsche, traduzido por R. J. Hollingdale, CUP, 1997 (abreviado como D)
Ecce Homo, Friedrich

Nietzsche, traduzido por R. J. Hollingdale, Penguin, 1979 (abreviado como EH)
Beyond Good and Evil, Friedrich Nietzsche, traduzido, por R. J. Hollingdale, Penguin, 1973 (abreviado como BGE)
Human, All Too Human, Friedrich Nietzsche, traduzido por R. J. Hollingdale, CUP, 1996 (abreviado como HAH)
Wanderer and His Shadow, Friedrich Nietzsche, traduzido por R. J. Hollingdale e incluído em HAH (Ibid.), CUP, 1996 (abreviado como WS)
Untimely Meditations, Friedrich Nietzsche, traduzido por R. J. Hollingdale, CUP, 1997 (abreviado como UM)
The Anti-Christ, Friedrich Nietzsche, traduzido por R. J. Hollingdale e incluído em Twilight of the Idols and the Anti-Christ, Penguin, 1990 (abreviado como AC)
The Will to Power, Friedrich Nietzsche, traduzido por Walter Kaufmann e R. J. Hollingdale, Vintage, 1968 (abreviado como WP)
The Gay Science, Friedrich Nietzsche, traduzido por Walter Kaufmann, Vintage, 1974 (abreviado como GS)
Twilight of the Idols, Friedrich Nietzsche, traduzido por Duncan Large, OUP, 1998 (abreviado como TI)
On the Genealogy of Morality, Friedrich Nietzsche, traduzido por Carol Diethe, CUP, 1996 (abreviado como GM)
Sämtliche Briefe: Kritische Studienausgabe, Friedrich Nietzsche, 8 volumes, DTV e de Gruyter, 1975-84 (abreviado como Carta para / seguido pelo dia / o mês / e o ano)

p.249 cabeças ocas: EH.3.5
p.249 O...honesto: EH.14.1
p.249 Trago...santo: EH 14.1
p.249 Partamos...2000: Carta a Malwida von Meysenbug 24/9/86
p.249 Parece-me...botas: EH 3.1
p.250 Deseja-se...nunca!: BGE.225
p.250 Aos...derrotados: WP.910
p.250 O...recebeu: EH. Prefácio, 4
p.251 Na...tratado: D.381
p.251 Eu...resignação: *de Rückblick auf meine zwei Leipziger Jahre*, III.133, Werke, Karl Schlechta Edition
p.252 O...prazer: Schopenhauer, W2.150
p.252 [Não...destinos: Schopenhauer, P1.V.a.1
p.252 Sabemos...abstinência: Carta à sua mãe e à irmã, 5/11/65

p.254 Nunca...alegria: Carta a Malwida von Meysenbug, 28/10/76
p.254 Os...maçante: TI.X.2
p.254 Essas...agora: EH.2.10
p.255 Você...proposições: Carta a Cosima Wagner, 19/12/76
p.255 em...fogo: Schopenhauer, P1.V.a.1
p.255 pelas...acanhado: GS.283
p.256 uma...antissemita: Carta a Malwida von Meysenbug, início de Maio, 1884
p.256 Entre...Montaigne: Carta à sua mãe, 21/3/85
p.257 gentil...ovos: D.553
p.259 magnífico: TI.IX.49
p.259 o...reverência: TI.IX.51
p.259 Ele...vontade: TI.IX.49
p.259 o...êxtase...: Stendhal, *Voyages en France*, Pleiade, p.365
p.259 Todo...cópula: Montaigne, *Essays*, III.5.968
p.260 a...assustada: Stendhal, *Oeuvres Intimes*, volume 1, Pleiade, p.483
p.260 A...vida: TI.IX.24
p.260 E...alegria: GS.12
p.261 Examinem...possível: GS.19
p.263 A...mundo: HAH.1.163
p.264 Quem...montanhas: EH. Prefácio, 3
p.264 Seria...sentidos: GM.11.24
p.264 Nas...amanhã: HAH.11.358
p.264 Escalar...compreensível: UM.111.5
p.265 Ser...angustiado: Carta à sua mãe, 19/7/70
p.265 Agora...respirar: Carta a Paul Rée, fim de julho, 1879
p.265 Este...lar: Carta a Peter Gast, 14/8/81
p.265 Sinto...educado: Carta a Carl von Gersdorff, 28/6/83
p.266 Como...livros?: WS.324
p.271 Apenas...valor: TI.I.34
p.271 Quando...humanidade: HAH.1.246
p.272 Devemos...vida: Montaigne: *Essays*, III.13.1237
p.272 Se...bem-vindo: HAH. II.332
p.274-275 Não...todo: HAH.I.163
p.276 Você...mental: Carta à sua mãe, 21/7/79
p.277 Como...treliça: D.560
p.277 aquilo...sui: TI.III.4
p.277 as...elevadas: BGE.2
p.277 O...raiz: WP.351
p.277 Os...vida: BGE.23
p.279 Quanto...cultura: WP.1025
p.279-280 Nada...aniquilá-los: HAH.II.220
p.280 Toda...dor: TI.V.1
p.281 Querida...excitado: Carta à sua mãe, 16/4/63
p.281 Muitas...etílico: Carta a Carl von Gersdorff, 25/4/65
p.282 As...antípodas: EH.2.1
p.282 Quanta...alemã!: TI.VIII.2

p.282-283 Talvez...Europa: GS.III.134
p.283 Devo...suficiente: EH.2.1
p.283 Se...pequenez: GS.338
p.284 As...prazer: *Utilitarianism*, J. S. Mill, Capítulo 2, parágrafo 2, Penguin, 1994
p.284 A...Inglaterra: BGE.253
p.284 O…fazem: TI.I.9
p.284 Todas...escárnio: BGE.225
p.285 O...Vesúvio!: GS.283
p.286 Para...absurdo: EH.2.1
p.287 Ele...ações: III.93, *Werke*, Karl Schlechta Edition
p.288 Lanço...intrínseca…: AC.62
p.288 Faz…Judeia: AC.46
p.288 É...dia: AC.38
p.290 Os...cristianismo: TI.VIII.2
p.290 incapacidade...vingar-se: GM.I.14
p.290 uma...realização: GM.I.13
p.290 religião do comodismo: GS.338
p.291 tranquilizador...Antiguidade: WS.7
p.291 um...idílica: WS.295
p.291 Nosso...nossa: Carta a Paul Deussen, ?/2/70
p.292 Você...pensamento?: Carta a Mathilde Trempedach, 11/4/76
p.292 Nietzsche...ópera: Diário, Cosima Wagner, 4/4/74
p.293 do...partitura: Carta de Hans von Bülow, 24/7/72
p.293 Você...fato: Carta de Hans von Bülow, 24/7/72
p.293 Pelo...rica!: Carta de Richard Wagner, 26/12/74
p.293 Ariadne, amo-te: Cartão-postal para Cosima Wagner, ?/1/89
p.293 Graças...mesmo': Carta a Franz Overbeck, fim de março ou início de abril, 1886
p.294 Não...aprender!: Carta a Lou Salomé, 2/7/82
p.294 Minha...desprezam: Carta a Franz Overbeck, 25/12/82
p.294 Não…duas: Carta a Franz Overbeck, ?/3/83
p.295 tosquiado...montês: Carta a sua mãe, 4/10/84
p.295 Quanto...época…: Carta a Malwida von Meysenbug, 14/1/80
p.295 Dores...música!: Carta ao Dr. Otto Eiser, ?/1/80
p.296 para...inteligente: HAH.1.384
p.296 Ler...mórbido!: EH.2.8
p.297 nunca renuncia: TI.IX.49
p.297 O...sofrimento: D.52
p.298: Considerar...tempo: EH.14.4

Agradecimentos

Estou em débito com as seguintes autoridades por seus comentários nos capítulos deste livro: Dr. Robin Waterfield (para Sócrates), Professor David Sedley (para Epicuro), Professor Martin Ferguson Smith (para Epicuro), Professor C.D.N. Costa (para Sêneca), o Reverendo Professor Michael Screech (para Montaigne), Reg Hollingdale (para Schopenhauer) e Dr. Duncan Large (para Nietzsche). Também sou imensamente grato às seguintes pessoas por seus comentários: John Armstrong, Harriet Braun, Michele Hutchison, Noga Arikha e Miriam Gross. Gostaria de agradecer a: Simon Prosser, Lesley Shaw, Helen Fraser, Michael Lynton, Juliet Annan, Gráinne Kelly, Anna Kobryn, Caroline Dawnay, Annabel Hardman, Miriam Berkeley, Chloe Chancellor, Lisabel McDonald, Kim Witherspoon e Dan Frank.

Agradecimentos pelos direitos autorais

Agradeço às seguintes editoras por permitirem a reprodução de trechos de materiais previamente publicados:

Cambridge University Press: *Human All Too Human*, Friedrich Nietzsche, trad. R.J. Hollingdale, 1996; e *On the Genealogy of Morality*, Friedrich Nietzsche, trad. Carol Diethe, 1996: Dover Publications: *World as Will and Representation*, Arthur Schopenhauer, trad. Duncan Large, 1988; Oxford University Press: extraídos da reedição de *Twilight of the Idols*, Friedrich Nietzsche, trad. Duncan Large (Oxford World's Classics, 1998), conforme permissão da Oxford University Press; extraídos da reedição de *Parerga and Paralipomena*, Arthur Schopenhauer (volume I e II, trad. E. F. Payne, 1974), conforme permissão da Oxford University Press; Penguin Books: *Early Socratic Dialogues*, Plato, trad. Iain Lane, 1987; The *Last Days of Socrates*, Plato, trad. Hugh Tredennick, 1987; Protagoras and Meno, Plato, trad. W. K. C. Guthrie, 1987; *Dialogues and Letters*, Seneca, trad. C. D. N. Costa, 1997; *Letters from a Stoic*, Seneca, trad. Robin Capbell, 1969; *The Complete Essays*, Michel de Montaigne, trad. M. A. Screech, 1991; *Beyond Good and Evil*, Friedrich Nietzsche, trad. R. J. Hollingdale, 1996; e *Ecce Homo*, Friedrich Nietzsche, trad. R. J. Hollingdale, 1979; Vintage Books: *The Gay Science*, Friedrich Nietzsche, trad. Walter Kaufman, 1974; e *The Will to Power*, Friedrich Nietzsche, trad. Walter Kaufman e R. J. Hollingdale, 1968.

Agradecimentos pelas gravuras

As fotografias utilizadas neste livro foram utilizadas sob permissão e cortesia das seguintes pessoas:

Aarhus Kunstmuseum: 206; The Advertising Archives: 66t (DC Comics): 211r; AKG Londres: (Musée du Louvre, Paris/Erich Lessing) 78r, 173b (National Research and Memorial Centre for Classical German Literature, Weimar) 232, 235 (Neue Pinakothek, Munich) 212bl, 213t (University Library, Jena) 213B; Albertina, Viena: 226L; Archivi Alinari, Florença: 234b; American School of Classical Studies at Athens: Agora Excavations: 44; The Ancient Art & Architecture Collection/© Ronald Sheridan: 107; The Art Archive: 87 (detalhe) 126, 126l, 141br; Associated Press: 86r; G. Bell and Sons Ltd, de *A History of French Architecture by Sir Reginald Blomfield* (da França *Cours d'Architecture*, 1921, J. F. Blondel & Daviler): 133b, 142t; Berkley, Miriam: 8; Bibliothèque Nationales, Paris: 5b; Bildarchiv Preussicher Kulturbesitz, Berlim: (Staatliche Museen zu Berlin – Preussicher Kulturbesitz. Kupferstichkabinet): 5ml (Staatliche Museen zu Berlin – Preussicher Kulturbesitz. Antikensammlugn): 79, 193, 211l; The Anthony Blake Photo Library (Charlie Stebbings): 61l (© PFT Associates): 61r; Bridgeman Art Library: (detalhe, INDEX, Espanha): 46tr (Galleria degli Uffizi, Florença): 80b (British Library): 98 (Musée Condé, Chantilly): 145 (Louvre, Paris/Peter Willi): 141tl (Gavin Graham Gallery, Londres): 141tr, 176 (Corpus Christi College, Oxford): 141bl (coleção particular): 257; British Architectural Library, RIBA, Londres:

47t; Conforme permissão da British Library: 154 (detalhe) 178, 168b; © The British Museum: 18, 26, 97, 225l; Chloë Chancellor: 37; Jean-Loup Charmet, Paris: 77l; Da *Cheminées à la moderne*, Paris, 1661: 142b; CORBIS: 77r, 120, Photographer – Gianni Dagli Orti 126r, 168t; Dassault Falcon Jet Corp, NJ, USA: 46tl; de Botton, Alain: 38 (*Epicurean Life*): 52t, 80, 72t, 94, 109, 113, 118, 122, 130, 134, 205, 209, 217, 220, 246, 247-248, 249, 250, 234t, 264, 274; Da *Encyclopédie, ou Dictionnaire, raisonné des sciences, des arts et des métiers*, eds. Denis Diderot & Jean Le Rond d'Alembert, 1751: 64; Mary Evans Picture Library: 19, 31-32, 223, 212br; Flammarion, Paris, da *Les Arts Décoratifs – Les Meubles II du style Régence an style Louis XVI* por Guillaume Janneau, 1929: 49l; Werner Froman, Archive: 17b; The Fotomas Index, 173, 255; The Garden Picture Library: 71b; Germanisches Nationalmuseum, Nürnberg, 133t; The J. Paul Getty Museum, Los Angeles, Califórnia: 61; Giraudon, Paris: 5b, 225r; The Ronald Grant Archive: 48; G-SHOCK: 211; Robert Harding Picture Library: 108; © Michael Holford: 12b; The Image Bank/David W. Hamilton: 10tr; Images Colour Library: 71t; Do *The Insect World*; da França de Louis Figuier's *Les Insectes*, 1868: 197t; Ian Bavington Jones (fotografia): 55-56; Collection Kharbine-Tapabor, Paris: 197br; Kingfisher. Ilustrações de *See Inside an Ancient Greek Town*, publicado por Kingfisher. Reproduzido com permissão. Copyright © Grisewood & Dempsey Ltd, 1979, 1986. Todos os direitos reservados: 10b, 15, 41, 65; Da *Brevissima Relación de la Destrucción de las Indias*, Bartolomeo Las Casas, 1552: 157, 158; Lucca State Archives: 46b; McDonald, Lisabel: 72b, 168, 211, 197bl; Patrick McDonald/ Epicurean Restaurant/*Epicurean Life*: 52b; Metropolitan Museum of Art (Catherine Lorillard Wolfe Collection, Wolfe Fund 1931): 7 (detalhe) 46 (Harris Brisbane Dick Fund 1930): 47b; Montabella Verlag, St Moritz: 271; De *Montaigne: A Biography* por Donald M. Frame, publicado por Hamish Hamilton, 1965: 132; © Board of Trustees, National Gallery of Art, Washington, Andrew W. Mellon Collection: 226r; © The Trustees of the National Museum of Scotland 2000: 12t; PhotoDisc. Europe Ltd/Steve Mason: 76; De *Pompeiana: The Topography, Edifices and Ornaments of Pompeii* por Sir William Gell, 1835:

96, 98; Quadrant Picture Library: 74, 101; Roger-Viollet, Paris: 22; Scala, Florença: 5t, 59, 49r, 66, 213, 226; Shopenhauer Archiv: 194, 173t, 196, 200-4; Société Internationale des Amis de Montaigne, Paris: 242; Status, Athens/CORBIS: 24; Stiftung Weimarer Klassik/Goethe-Schiller Archiv, Weimar: 260, 265; Swissair Photo Library, Zurich: 86l; The *Telegraph* Colour Library: 13, 10tl; Topham Picturepoint: 260; University of Southampton, Brian Sparkes e Linda Hall: 27, 51; Vin Mag Archiv Ltd: 66b; Agency-WCRS, Photographer – Glen Garner. Cortesia da Land Rover UK: 77; Wellcome Trust Medical Photographic Library: 258.

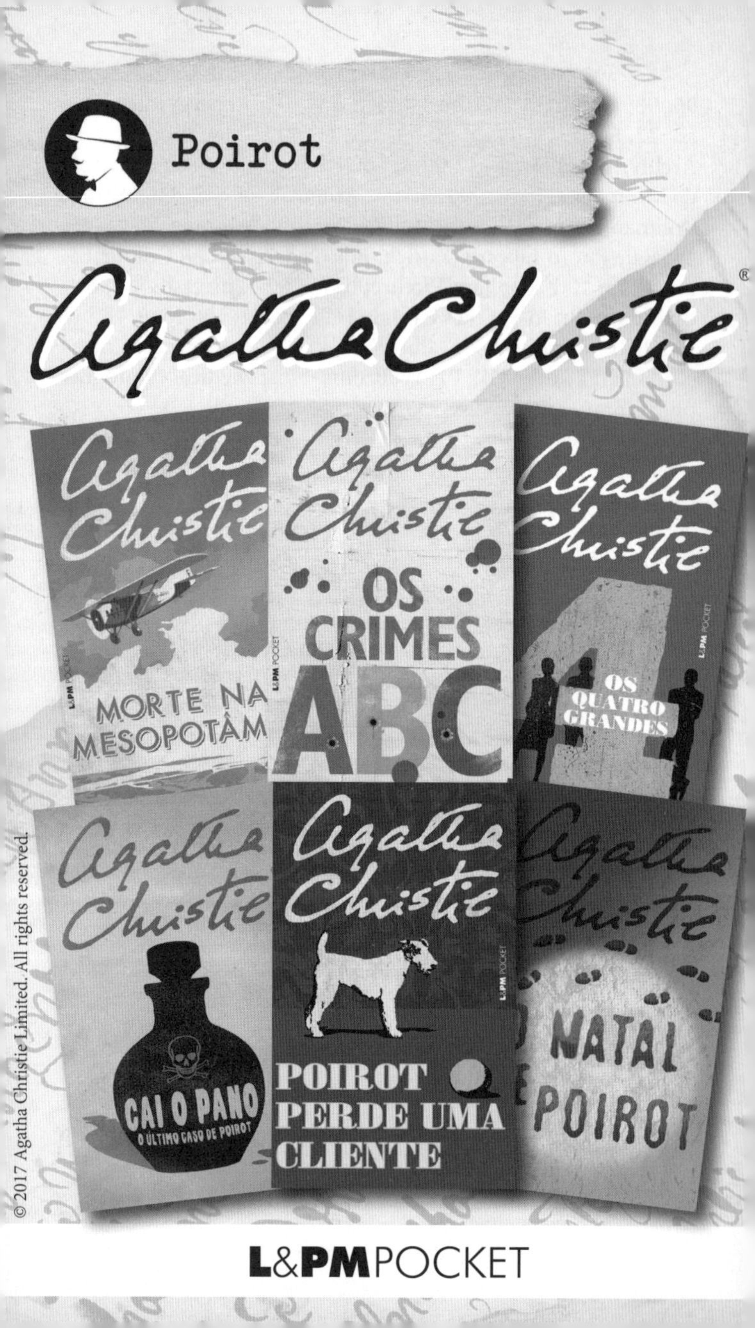
Poirot
Agatha Christie®
MORTE NA MESOPOTÂM
OS CRIMES ABC
OS QUATRO GRANDES
CAI O PANO
O ÚLTIMO CASO DE POIROT
POIROT PERDE UMA CLIENTE
NATAL POIROT
L&PM POCKET

Miss Marple
Agatha Christie®
Agatha Christie
A MALDIÇÃO DO ESPELHO
L&PM POCKET
Agatha Christie
CHIPPING CLEGHORN GAZETTE
CONVITE PARA UM HOMICÍDIO
L&PM POCKET
Agatha Christie®
Nêmesis
L&PM POCKET
Agatha Christie
L&PM POCKET
UM CRIME ADORMECIDO
O ÚLTIMO CASO DE MISS MARPLE
Agatha Christie
L&PM POCKET
TESTEMUNHA OCULAR DO CRIME
Agatha Christie®
O CASO DO HOTEL BERTRAM
L&PM POCKET
L&PM POCKET

Martha Medeiros

na Coleção L&PM POCKET

lepmeditores

www.lpm.com.br
o site que conta tudo

Impresso na Gráfica COAN
Tubarão, SC, Brasil